家校直通车

与班主任的有效沟通指南

张晨 编著

北方妇女儿童出版社

·长春·

图书在版编目（CIP）数据

家校直通车：与班主任的有效沟通指南 / 张晨编著.

长春：北方妇女儿童出版社, 2025. 6. -- ISBN 978-7-5585-8535-7

Ⅰ . G459

中国国家版本馆CIP数据核字第2025N2X547号

家校直通车　与班主任的有效沟通指南
JIA XIAO ZHITONGCHE　YU BANZHUREN DE YOUXIAO GOUTONG ZHINAN

出 版 人	师晓晖
责任编辑	张　力
装帧设计	臻　晨
开　　本	710mm×1000mm　1/16
印　　张	10
字　　数	160千字
版　　次	2025年6月第1版
印　　次	2025年6月第1次印刷
印　　刷	山东博雅彩印有限公司
出　　版	北方妇女儿童出版社
发　　行	北方妇女儿童出版社
地　　址	长春市福祉大路5788号
电　　话	总编办：0431-81629600

定　　价	59.80元

前 言

写这段文字时，我突然想到了我的儿子，我很希望他的未来能用"出色"二字来定论。他的前路还很漫长，人生也该由他自己掌握，但是天底下所有家长的心情应该都是一样的。

有了期望，就想好好引导孩子去成长和进步。对于一个孩子来说，他们永远不能摒弃的道路就是学习，学习是孩子成长和进步的主要方式。在学习中，孩子一定会经历两种固定环境的影响，一个是家庭，另一个就是学校。我把孩子、家庭和学校称为"铁三角"关系，因为它们谁也离不开谁，而且三者相互作用，彼此成就。

在"铁三角"关系中，家长是孩子家庭教育的掌舵者，班主任是孩子学校教育的管理者。其实，我们的教育一直是变化的、进步的，但教育的本质不曾改变：一切为了孩子。因此，沟通一直都是家长和班主任共同教育孩子的必要措施。可现实生活中，也一直有一个问题困扰着所有的家长：我该怎样和孩子的班主任沟通呢？

我们很多人的沟通形式是多种多样的，但所有的沟通都有三要素：情境、目的和对他人的认知。往细一点儿说，情境就是沟通的时间、地点和氛围等；目的就是沟通的结果和效果；对他人的认知就是对沟通对象的了解等。所以说，沟通是艺术，更是技术。

这也就是我为什么要写这本书。

《家校直通车：与班主任的有效沟通指南》不仅从宏观上对孩子、家长和班主任三者的关系进行精细的剖析，还将一一揭开家长和班主任沟通的许多细节，甚至还包括了失败沟通的处理方案等。如果你不知道和班主任怎么样沟通，那么我可以肯定地说，读完这本书后，你和班主任的沟通将是顺利和圆满的。

可能未来的某天，你在处理孩子的问题时会想到或用到书中的文字，这就是这本书的意义和价值所在。我真心地希望天底下所有的孩子首先是健康快乐的，其次是美好出色的。

目录

第一章　这是一场意义非凡的交流

第二章　沟通的方式有哪些？

第三章　沟通的内容有哪些?

第四章　面对意外发生，该如何沟通？

第五章　如何化解不理想的沟通？

第六章　心与心的认可

第 一 章

这是一场意义非凡的交流

第1节　和班主任沟通，你准备好了吗？

> 许多东西都因不发问而丧失。 ——英国格言

为什么要去沟通？

"该不该和孩子的班主任沟通？"

"该如何和孩子的班主任沟通？"

……

在现实生活中，有许多家长出现过这样的苦恼。也有一些家长因为不敢、不需要或不自信等，选择逃避沟通。难道这样的做法真的会使孩子的学习效果变得更好吗？

人际交往中，人们最离不开的就是沟通，有了沟通，才会产生信任、支持和理解。

孩子的学习生涯是漫长的，而学校和班级是传播知识首要且重要的场所。学校是一个庞大的群体，孩子们是组成群体的不同个体。单纯地说，一个班级里，每个孩子接受知识的程度是不同的，所呈现的结果（成绩）自然也是不同的。这种差异不仅可以反映出孩子的学习态度、

学习习惯和意志等方面，还能反映出老师对孩子教育的重视程度，以及家长本身的教育素养。这就意味着家长需要和老师保持良好的沟通，这样才能更有效地培养孩子去积极、乐观地学习。

对于学习时期的孩子来说，家长和班主任所发挥的作用都很重要。家长和班主任一次积极的沟通，就可以给孩子带来良好、向上的学习氛围，还可以帮助家长深层次、多方面地了解自己的孩子。这种做法，对于孩子的成长来说，是最积极有效的。

你真的了解自己的孩子吗？

我曾遇到过这样一位学生，她性格内向，什么事情都喜欢憋在心里。上课时，她还总喜欢把头埋得很低，似乎十分害怕老师和同学们注意到她。这位学生的家长很少参加学校或班级举行的集体活动。刚入班时，这位学生的学习态度和状态还算积极，可慢慢地，她的学习状态大不如以前了。后来，我给这位学生的家长打去电话，说明了孩子的情况，可她的家长却是半信半疑的态度。于是，我下了"命令"，让孩子家长必须到学校进行谈话。

经过一番沟通后，这名学生的家长终于知道，他的孩子在家和在学校完全是两个样子。在家里，她心疼家长干餐饮工作，早出晚归特别辛苦。于是，很多事情她总是默默承担，在家长面前还总是"报喜不报忧"。这也让家长误以为孩子的独立性很好，任何事情都做得很好，学习也很优秀，所以就忽略了和老师沟通的重要性。但实际上，这名学生十分不自信，因为家长的时常"缺席"，她经常会在心里否定自己。

读到这里，相信很多家长已经认识到了沟通的重要性。但有的家长也会产生怀疑：我的孩子在家表现正常，在学校表现正常，难道也要和班主任沟通吗？答案是肯定的，因为谁会不希望自己的孩子更优秀呢？

只是沟通的次数和方式因孩子的差异而定。

在孩子的成长过程中，大多数家长有一个共鸣：孩子上低年级时，还是自己身边的一个"小话痨"。可上高年级后，孩子已经不再喜欢和家长共享很多"秘密"了。这是因为，随着年龄的增长，孩子的内心活动也变得成熟和分散起来。他们会向不同的人分享自己不同的"秘密"。比如：他们会告诉自己的家长今天想吃什么、想穿什么，但他们却会告诉自己的朋友或老师自己最想冒的险和最崇拜的明星。

这就意味着你面前的孩子不再是"完整的"。他会把自己的很多面展现给不同的人。可孩子的生活基调比较有限，家和学校就成了他们展现不同自己的舞台。因此，想要知道孩子完整的模样，家长必须学会和班主任沟通。只有"不透明"的家长，才能培养出具有"存在感"的孩子。

沟通前，你需要准备什么？

老话说得好：不打无准备的仗。

沟通其实是一件很日常的事情。不过，和班主任沟通却是一件特别正经的事情。那些不敢、不需要或不自信的家长，该做哪些准备，才能使与班主任的沟通变得圆满和理想呢？

首先，要明确沟通的目的是什么。和班主任的沟通，是秉持"为了孩子"的心，进行的一次有效对话。有效就是要达到一定的目的。所以在沟通前，家长必须清楚地知道沟通的目的是什么。这样才能更好地传达给班主任你想要了解孩子的哪方面，想要孩子朝着什么目标迈进。

但在真实情况下，家长们在沟通时，并非都能拥有理智且清晰的状态。你很可能会被谈话节奏带偏，从而忘记了自己内心的真实想法。你明明和班主任聊了很多，但细想下来，却又不知道聊的重点是什么。这就是没有目的的闲聊。

如果你是这样的家长，那么从现在开始，就要为每次沟通提前设立一个明确的目标，让谈话一直围绕着这个目标而展开。因为有了目标，才能去实现目标，这样才能让沟通变得有价值。

其次，要了解孩子的近况和真实的想法。很多时候，家长看到孩子近期有了变化，就会片面地给孩子下定论。因此，为了让孩子重新回到你理想中的样子，你果断地采取某些措施，或者和班主任悄悄沟通。这样的做法真的是"杀敌一千，自损八百"。

难道孩子的近况真的就是你看到的样子吗？你真的问过他的想法了吗？

一次有效的沟通，不该只站在家长的角度去看待问题。既然孩子是沟通中的主角，那就应该把孩子真实的内心展现出来。而孩子在家中的近况也仅仅是一面，只有在了解过孩子在班级里的近况后，才能做出比较合理的综合判断，才能使沟通变得更加鲜活。切记，果断和片面是沟通的天敌。

再次，尊重是有效沟通的基础。聪明的家长都会坚信，班主任的专业知识和工作能力是十分突出的。智慧的班主任都会用平等的眼光看待所有家长。

沟通时，你可以提出你的意见，我可以说出我的观点，双方互相理解和支持，并一起找出问题的解决方案，这才是沟通的意义所在。所以，当家长和班主任沟通时，不可随意给对方"贴标签"；不可只站在自己的角度而忽略对方的感受；不可为了达到目的而说出威胁、辱人的话语。要知道，不卑不亢是家长的态度，平等公正是班主任的对待方式，这才是尊重。

最后，准备好你心中的疑问。和班主任的沟通并不是随机的，时间也是有限的。为了能够在有限的时间内沟通顺利，那就应该先想好你要提出的问题。

比如：孩子最近写作业总是提不起劲儿，效率也很差，你很想改善这种情况。但造成这种情况的原因有很多，或许是孩子最近上课不认真听讲，导致知识掌握得不好；也或许是孩子和同学之间出现了什么问题，导致无心上课等。那么在沟通中，家长就应该准备两个问题：（1）老师，我的孩子最近上课状态积极吗？（2）老师，我的孩子最近和同学们相处得怎么样？

抛出问题才能获取有用的信息。这些信息就是解决你内心疑虑的关键所在，也是你和班主任沟通时的"敲门砖"。

我们经常会说：沟通是人际交往中的桥梁。为什么会把沟通比作桥梁呢？因为它有连接功能，可以连接人与人之间的情感、想法和观念等。所以，你准备好搭建一座通向班主任的桥梁了吗？

第2节　面对孩子的不同属性，你要如何介绍?

我的生活经验使我深信，没有缺点的人往往优点也很少。

——林肯

优点和缺点是共存的

婴幼儿时期，孩子的个性已经有了雏形。到 16 岁左右，孩子的个性基本定型。个性的形成不仅受先天因素的影响，最主要取决于后天环境的形成。

家长的性格和职业、生活的环境、学校的教育和个人的主观意识等，都是影响孩子个性发展的主要条件。因此，不同的家庭造就着不同的孩子。不同个性的孩子，优点和缺点也不相同。

比如，强势型的孩子，优点是喜欢争强好胜，果断勇敢，内心情感浓烈，有主见；缺点是往往有些自以为是、任性、暴躁、自制力差。

又如，弱势型的孩子，优点是爱幻想，想象力十分丰富，隐忍，不爱惹是生非；缺点是胆小，敏感多疑，不积极不主动，遇事犹豫不决，喜欢依赖他人。

再如，处于二者中间的孩子，性格沉着冷静，活泼开朗，乐观积极，勇敢执着，情绪稳定，自制力和平衡性很好。可正因如此，这种类型的孩子个性并不鲜明，缺乏一定的创造力。

由此我们不难发现，无论是哪种类型的孩子，都不是完美的。他们的身上既有闪光的优点，也有无法掩盖的缺点。但是大多数人有一个误区，就是希望自己的优点可以无限被放大，而自己的缺点最好偷偷地躲在角落中不被发现。这就使很多家长普遍存在一个现象：常常羡慕或夸奖"别人家的孩子"，同时会拿其与自己孩子的不足进行对比。直白点儿说，就是自己孩子的缺点好像随时随地都可以脱口而出，而优点却总要思虑片刻。

如果你是这样的家长，那么请你思考以下问题：

第一，你为什么总喜欢揪着孩子的缺点不放？

第二，对于促进家庭和谐来说，不完美的孩子和完美型的孩子，哪个更有意义？

第三，优点真的比缺点更珍贵吗？

从情感和心理方面来说，家长总是先看到缺点，这是一种亲子关系的倒置。也就是说，大多数情况下，家长在数落孩子缺点的时候，自己的内心其实压抑着许多负面情绪。此时的家长，因为负面情绪无法得到疏解而忽略了孩子的感受，从而向孩子转嫁了自己的负面情绪。久而久之，数落孩子的缺点成了一种习惯。这说明家长也不是完美的人。

然而，不完美的人却在生活中发挥着巨大的作用。就拿强势型人和弱势型人来说，二者在一起可以完美地互补。所以，1+1= 取长补短。而一个家庭的和谐，不完美的孩子尤为重要。

以前曾听到过一句话：自信的人往往都很自大。"自信"是褒义词，"自大"是贬义词。如果将两者分开，相信绝大多数家长会选择"自信"而摒弃"自大"。那么，我们将这句话反过来说一遍：自大的人往往都很自信。读完这句话后，你还会固执地摒弃"自大"，固执地认为孩子的缺点不重要吗？不，请你一定要记在心里：缺点为优点铺垫，优点为缺点搭梯。优点和缺点是相互成就的。

介绍孩子优缺点的三大原则

介绍孩子其实就是告诉班主任，孩子的优缺点是什么。这种情况一般发生在刚开学时，或孩子有了新的班主任时。这个时候，家长千万不能为了让孩子在新班主任面前留下好的印象，从而只说孩子的优点；也不能为了让班主任好好地磨砺孩子而只说孩子的缺点。

在中国传统的教育观念中，优缺点的介绍有以下三大原则：

第一，先说优点，后说缺点。

在日常生活里，有一种现象叫作"先入为主"。这种现象被心理学称为"第一印象"。也就是说，一个人在交往过程中，和对方第一次见面时留下的印象直接影响着对方今后与你交往的态度和关系。印象良好，对方就会愿意接近你；印象不好，对方就会十分抗拒接近你。因此，在这种情况下，先介绍孩子的优点至关重要。

很多家长此时会有疑虑：说完优点之后，再说缺点，难道不会影响介绍的效果吗？那么，请你记住：孩子的缺点本身就是孩子的一部分，出彩的优点根本不会被缺点掩盖，相反，缺点更能衬托出优点的光芒。

第二，多说优点，少说缺点。

介绍孩子的优点和缺点时，当然要偏重孩子的优点。发掘孩子的优点可以使孩子变得更加自信，也是在向班主任递交孩子的"明信片"。相信没有家长会在此时用一大堆缺点去囊括自己的孩子，最明智的做法就是，在许多优点中掺杂些许缺点。

如果家长觉得孩子的缺点已经大于优点，不知该如何介绍更多优点时，那就好好挖掘缺点的对立面。比如：孩子很爱动，那就说明孩子活泼开朗；孩子喜欢胡思乱想，那就说明孩子想象力丰富……

第三，强化优点，弱化缺点。

在介绍过程中，家长要强化孩子的优点，突出孩子的特长和爱好。也可以介绍孩子擅长的某些领域，取得过哪些成绩。但是千万不能刻意强调缺点，否则结果就是，缺点会印在班主任的脑海中。对于今后的任何活动，每当孩子想要参加时，班主任永远会想到这些缺点，从而再三衡量。

看得见的优点

说话是一门艺术。会说话的家长，共情能力更强。家长向新班主任介绍孩子，其实是处在一种陌生的交往环境中。一个从未有过交集的人要了解自己的孩子，你该怎样做才能使孩子展现得更加有特色呢？

首先，设置孩子的出场情景。

家长介绍孩子时，相较于单纯、笼统地直说，为孩子设置一些出场情景，增加一定的画面感，会使其形象变得生动立体。

比如：我的孩子特别痴迷书法，他只要一有时间就会练习书法。刚开始，我想书法这么枯燥，他就是三分钟热度。可没想到，他竟然天天跟着线上的老师练习。有时候，光一个横，他就能练习十天半个月，这种执着和耐心，我都做不到。就这样，他从 6 岁坚持到了 10 岁。他的书法也从简单的笔顺，到如今自成风格。家里的墙上也挂满了很多他获奖的书法作品。

有了这种出场情景的加持，孩子的形象已经在班主任心目中"活起来"了。相信此时的班主任一定对孩子充满了期待。

其次，成为别人口中的"好孩子"。

"王婆卖瓜，自卖自夸"的模式在介绍孩子时是不可取的。家长单方面地夸奖孩子的优点，不如别人的夸奖来得更加真实。

比如：我的孩子特别地热心，我一直以为他可能是心疼家长，才总是帮我分担家务。可有一次一位同学的妈妈告诉我，你家孩子真的又善良又热心。我当时有些纳闷。后来一问才知道，那位同学有一次忘记带车费了，他把车费都借给人家了，自己却小跑着回家。我当时觉得这孩子有点儿太实在了，可孩子却说：妈妈，他家比我家远太多了，如果我不借给他车费，他可能要走到天黑才能到家。

真正的优点经得住多方面的印证，也更能打动班主任的心。孩子也需要家长为他铺垫一个这样的机会。

最后，充当班级活动中的重要成员。

要知道，班主任是班级活动的重要管理者。他今后的侧重点在于班级的成长和进步。当家长介绍孩子的优点时，班主任很可能会将这些优点自动代入进班级管理和班级活动中。那么，家长如果此时可以适当地把孩子的优点自动关联到班级的发展中，介绍的效果可能会更好。

读完这篇，希望所有的家长都可以从容、坦荡、智慧地介绍自己的孩子。

第3节　家长在沟通中展现出不同力量

> 孩子不会因为你供应的物质而记得你，他们会因你珍爱他的感觉将你牢记。
>
> ——李查·伊凡斯

爸爸和妈妈教育方式的差异

广东省青少年研究所曾经对近千名未成年人的犯罪情况做过调查，发现这些有犯错前科的孩子在成长过程中，约70%的人缺少了父亲的陪伴和教育。

爸爸和妈妈在孩子心中一直都是有区别的，所以才有了"父爱如山，母爱如水"的说法。在笔者个人看来，男性和女性在本质上天差地别。单从思维方式上来说，男性属于直线思维，更注重解决问题和实现目标。女性属于曲线思维，更在乎情感和细节。这种差异直接影响着他们对孩子的教育方式。

爸爸在教育孩子时会重点培养孩子的独立性和实践能力，鼓励他们敢于尝试和挑战。当孩子面对学业状况和职业规划的问题时，一般征询爸爸的意见比较多。爸爸还会严格地要求孩子遵循一定的规矩和纪律，并用直接、简洁的语言与孩子交流，以便在最短的时间内达到较满意的状态。

而妈妈会赋予孩子更多情感价值，孩子的生活细节、健康成长、社交问题等，都会得到妈妈较多的关注。当孩子需要一定的情感回应时，第一时间给予回应的一定是妈妈。相较于爸爸的严格规矩，妈妈更注重孩子的灵活性和适应能力。在与孩子沟通时，妈妈会更加在乎孩子的感受和情感偏向。

这就使爸爸、妈妈对孩子学习问题的关注点不同，处理方式也不同。在学习过程中，爸爸更看重孩子对知识的兴趣度，更希望孩子对学习保持热爱且持续下去。对于知识的掌握，爸爸比较倾向于基础知识（书本知识）的掌握。在处理孩子在学校与同学发生的矛盾时，爸爸会引导孩子独立、成熟地解决。而妈妈更加倾向于让孩子同时学习基础知识和课外知识，她们更希望孩子全方面发展，所以会让孩子学习许多特长课程。孩子在学校遇到与同学产生矛盾时，妈妈的第一反应常常是不能让自己的孩子吃亏，这是典型的"护短"行为。

因此，在与班主任沟通中，家长双方各有自己的侧重点和目的。如果非要单独分开来说，爸爸可能更加实际，会直面沟通并解决问题。妈妈可能更加感性，在沟通问题的同时，会拉近孩子与班主任及班级的关系。这样说来，家长双方是互补的，缺一不可。因为，他们都有着共同的目标：爱孩子。

爸爸和妈妈，谁去沟通比较好？

现今社会，家长的整体素质有了很大提升。因为所处环境、背景的不同，每一位家长都有着丰富的阅历。家长对于班主任来说，可是强有力的合作者。但在日常生活中，与班主任沟通时，爸爸和妈妈到底谁去比较好呢？

曾经看过这样一则新闻：家在四川成都的张女士去孩子小学开家长会。等她推开教室门后，却这样描述道："简直就是已婚妇女的姐妹聚会，一眼望去，来的全是妈妈，大概只有几位男士。"

网上也曾流传过这样一句话：小学家长会没几个爸爸，高中家长会没几个妈妈。

这两种说法是真实的现象吗？有调查表明，小学时期，妈妈参加班级活动的概率非常高，一个班级开家长会，到场的妈妈约占 2/3，剩下的是奶奶和外婆，而爸爸的比例微乎其微。到了初中，妈妈参加班级活动的概率依然很高，不过爸爸参加的比例也有了增加。等到高中时，爸爸参加班级活动的概率已经可以和妈妈持平，甚至超越了妈妈。

这在某种程度上说明，孩子在年龄较小的时候，生活独立性差，情感单纯幼稚，更需要妈妈的陪伴和关注。而妈妈细腻的关注对孩子的学习也有很大的影响。因为这个时期妈妈对孩子的关注是连续性的行为，更能解读孩子的日常状态和学习情况。假如一个孩子妈妈照顾得较多，平时也是妈妈一直在和班主任沟通，突然换成了爸爸来照顾和沟通，这种断崖式的风格转换，势必造成不理想的效果。所以，孩子在年纪较小的时候，由妈妈和班主任沟通最为合适。

等孩子年龄偏大的时候，爸爸可以多参与孩子的日常生活和班级学习。因为随着年龄的增长，孩子的生理、心理都在逐渐成熟和完善。有时，他们完全可以不依靠任何人，去独立地完成某件事。这个时期的孩子，内心敏感柔软，思维独立逆向。妈妈前期太多的关心和干预，对于他们来说，此时已经成为负担。很多时候，大龄孩子需要情绪的宣泄和释放，这时的爸爸就会起到关键作用，他们成熟、简洁的做法更符合大龄孩子的心理行为。爸爸对社会生活、未来发展、时事形势的关注和观点，也在征服着这一时期的孩子。此时的孩子也更能接受爸爸和班主任的沟通。所以，孩子在年龄较大时，由爸爸和班主任沟通比较好。

写在最后

和孩子的班主任沟通，爸爸、妈妈可以分阶段参与，但并不是说某一阶段，可以完全脱离爸爸或者妈妈。心理咨询师李倩曾建议，妈妈应该给予孩子"拥抱的爱"，爸爸应该给予孩子"放手的爱"，这其实是让孩子懂得爱、学会爱。爸爸、妈妈和孩子三者永远是紧密相连、无法割舍的关系。所以，谁去和班主任沟通，并不是单项选择题，而是多项选择题。

第4节　"家"在沟通中，带来了特殊的意义

生命中大部分的人际关系都是孩提时代与家长关系的复制。

——阿玛巴关

原生家庭的影响

近年来，我们经常听到或看到"原生家庭"的字眼。原生家庭这个词，最早是由美国家庭治疗师维吉尼亚·萨提亚提出的。她认为：一个人和他的原生家庭有着千丝万缕的联系，这种联系很可能影响他的一生。直白点儿说，就是一个人出生之后，生活在由亲生家长组建的家庭之中，这就是此人的原生家庭。

原生家庭对孩子性格的塑造、言行和观念、人格的培养、人际交往的能力和处理矛盾的态度等都影响深远。就孩子的性格塑造而言，家庭的环境氛围和家庭成员的个性特点会直接影响孩子性格特点的产生。例如，正能量的家庭和权威型的家长培养出来的孩子往往有很浓烈的幸福感和自信心，这类孩子的自尊心也很强，学习上动力十足。而生活在强势家庭中的孩子要常常面对专断和霸道的家长，耳濡目染后，孩子会变得怀疑、不自信和充满敌意，在学习中，这类孩子也常常会打退堂鼓。可如果家庭生活过于放纵，家长过于开放和溺爱，孩子会养成易冲动、不够独立、喜欢依赖他人的习惯。这类孩子在学习上是不可能独立完成任务的。

受原生家庭的影响，孩子们塑造的性格迥然不同，这就间接影响着他们的社交和人际关系。好的沟通能力和人际关系使孩子在生活和学习中能够有耐心并乐观地解决问题；而不好的沟通能力和人际关系会使孩子在解决问题时缺乏自信和不够勇敢，甚至害怕或逃避。

此外，孩子的言行和观念也在潜移默化中受其影响。现在网络上有一些年轻人会说自己"受过原生家庭的伤害"，所以很想逃离自己的家，过不一样的生活。家长好的言行和观念会使孩子受用一生，哪怕未来的孩子未必成为人中龙凤，但幸福度绝对是爆满的。但家长恶劣的言行和观念通过言传身教，会使孩子产生一种"正常化"的错觉，从而当孩子遇到矛盾时，也会进行行为模仿。因此，不同的家庭使孩子形成了不同的个性和德行。

那么，在学习和成长的过程中，就会出现有的孩子"好"，有的孩子"坏"。这就直接造成了家长与班主任沟通的目的、方式和结果的差异化。所以就会出现，有的家长和班主任沟通等于在"受表扬"；有的家长和班主任沟通，一直在绞尽脑汁地解决孩子的问题；还有的家长和班主任沟通战战兢兢的，好像一直在"受批评"。到最后，沟通的差异化产生着不同的效果，它们再次反馈到孩子身上，造成不同的影响。这好像是一种重复和循环的影响模式。但归根结底，这正是原生家庭造成的。

你家的组合模式是什么？

原生家庭对孩子的影响程度很大，它所爆发出来的能量也是其他方面比不了的。家长是独立的个体，孩子是独立的个体，可家庭不是个体，它是由多个个体组成的。我们常见的原生家庭组合模式有以下三种：

一是三口之家。这是"爸爸＋妈妈＋孩子"的组合模式。显而易见，在这种组合模式中，爸爸和妈妈是对孩子影响最大的人。当你和班主任沟通孩子的情况时，你可以把家庭背景简要地告知班主任，以便他更好地去了解孩子。如果沟通中出现了问题，除了寻找孩子的原因，一定要学会从家长自己身上寻找原因和答案，并把你认为可能出现的情况及时反映给班主任。

二是四口之家。这是"爸爸＋妈妈＋孩子＋孩子的兄弟姐妹"的组合模式。当然，孩子也可能有两个兄弟或姐妹，所以"四"并不是固定的人数，只是比较常见的人数。在这个组合模式中，家长依然占据主导地位，但孩子的兄弟姐妹同时也分摊了家长的影响程度。相较于家长，哥哥或妹妹等人最能走进孩子的内心，是孩子最亲密无间的伙伴。在某些方面，他们对孩子的影响要远大于家长。

我曾看过这样一个事例：一个四岁的小孩儿表达能力不好，他不爱说话，和别人沟通时，常常需要爸爸妈妈再"翻译"一遍，别人才能听懂。爸爸妈妈很着急，看了不少医生，却总被告知孩子的发育没有任何问题。后来，爸爸妈妈因为工作很忙，让孩子在奶奶家生活了一段时间。等爸爸妈妈再去接孩子时，发现孩子的小嘴跟鞭炮一样"啪啪啪"地说个不停。问了奶奶才知道，孩子每天都缠着刚上小学的表姐玩儿，说话也是跟着表姐学的。

　　所以，千万不要小瞧兄弟或姐妹对孩子的影响。当你和班主任沟通时，也应该把孩子和兄弟姐妹在一起的言行表现告诉班主任，从而做出均衡、准确的判断。当孩子出现问题时，也要学会从孩子的"伙伴"身上找答案，借助他们的力量改善孩子的问题。

　　三是多口之家。家庭的组合模式不光只有家长和孩子这两代人。其实，现实生活中，很多家庭是和爷爷、奶奶或外公、外婆一起生活的。白天老人照顾孩子、家长工作，等家长下班后再陪伴孩子，老人可以做其他事情。所以，在这种组合模式中，爷爷、奶奶或外公、外婆带来的影响也很大。有时，孩子出现某些问题，家长需要和班主任沟通，或学校需要家长参加集体活动时，这些长辈会代替家长去参加。

　　常言道：隔代亲。也就是说，爷爷、奶奶或外公、外婆会十分宠爱自己的孙儿。有爱当然是好的，但也会出现溺爱的情况，这对于孩子的成长和学习是十分不利的。所以这种家庭组合情况一定要向班主任说明。方便孩子出现问题时，大家一起纠正孩子，改正自我。

　　不管你有什么样的家庭，你的家庭模式是什么，家人都应该把满满的爱带给孩子，这才是"家"最大的意义。

第5节　你打算"贿赂"班主任吗？

> 为学莫重于尊师。
>
> ——谭嗣同

变味儿的"送礼"

古时候，学生们为了表达对老师的敬重，在见面之时，一定会赠送礼物，这种行为被称为"束脩之礼"。"束脩"指的是肉干或腊肉，这虽然不是特别贵重，但重在情意深。可随着时代风气的演变，给老师"送礼"已经改变了原有的本质，家长的攀比心理愈演愈烈，礼物也越送越贵重，送礼的目的也开始变得不单纯。

"送点儿礼，老师肯定会格外关照孩子。""不送礼，老师说不定会差别对待孩子。"随着家长内心的各种想法愈演愈烈，"贿赂"班主任似乎成了解决问题的重要方式。也有的家长很想和班主任多沟通自家孩子情况，但是又感觉不太好意思，所以想"贿赂"一下班主任，他们觉得这样的沟通效果会更好。这其实都是家长自我安慰的一种心理。

曾经看过这样一则消息：教师节当天，一名班主任收到了许多礼物，回家后这名班主任的家人吃惊地问："这么多礼物，都是家长送给你的？"

班主任苦笑着说："对，一些贵重的礼物我都没收。这些花呀、糖果呀，好多是学生带过来放在桌子上的，我就拿回来了一些。"

家人继续好奇地问："那你收过最贵重的礼物是什么？"

班主任想了一会儿回答："好像是一套护肤品。那是个大牌产品，当时真的实在推脱不了才收下。"

家人笑着说："这是贿赂你呢！那你都收礼了，肯定特别照顾人家小孩儿吧？"

班主任一本正经地说："也不算特别照顾，学习上都是一视同仁。就是课后空闲时，偶尔会接触下孩子，谈谈心、说说话。其实我感觉送不送礼都一样，主动、积极、能力强、受欢迎的孩子谁都喜欢，这样的孩子，家长一般也很有修养，他们在家会教导孩子，老师们也愿意多接触。"

家人最后又问："那你希望家长送礼吗？"

班主任听后一边摇着头，一边苦笑着说："孩子们平时偶尔带点儿糖果、饼干之类的跟我分享，我还能接受。可家长送礼，我确实很感动，但是更害怕。好像我接受了礼物，就得把他的孩子教得不一样，对他的态度也得不一样。这束缚感太让我有压力了。"

从这则消息里，我们可以获取到三个信息：（1）不管送不送礼，成绩好、性格好的孩子永远最先被看到。（2）一般情况下，成绩好、性格好的孩子，家长的修养很高，这类家长更受班主任喜欢。（3）在班主任心里，送礼有时是一种变相施压。

正确解读"班主任"

很多家长会有一些个人目的，为了实现它，因此想着给班主任送礼，巴结一下。这样的做法其实是对班主任职业素养的一种否定和歧视。有的家长可能会说：礼物难道不是增进社交关系的好办法吗？是这样的，在某些场合，人们社交沟通时，为了改善关系或氛围，送礼是最明智的选择。也有的家长会说：我是太敬佩老师了，发自内心地想表达一下自己的感激，所以才送礼的。俗话说：滴水之恩，当涌泉相报，更别提珍贵的师恩了。

没错，礼物有时是传递心意、表达敬意的一种有效手段。如果家长真的很想用礼物拉近和班主任的关系，那么就要注意在挑选礼物时，不要选那些贵重的礼物，如首饰、钱财、购物卡等。中国人常说"有来有往"，家长赠送了礼物，班主任肯定会在日常工作中反赠到孩子身上。可是过于名贵的礼物，会使班主任在心理上觉得无法反赠。因而名贵的礼物肯定会被拒绝，这也就影响了家长和班主任关系的拉近。

但是将一些有意义的小礼品赠送给班主任，完全是可以的。比如，一朵花、一些糕点或糖果、美好的祝福语言，或者是一些有趣的纪念品等。这些既美好又简单的小礼物不仅是家长的心意，在班主任看来，也是对他工作的支持和肯定。这样的礼物，谁会不接受和不喜欢呢？

其实，对于班主任来说，家长的信任和支持就是最好的礼物。再往实际方面说，班主任也需要生活，在生活中也会出现一些问题，这个时候他很需要他人的帮助，如果这些问题对于你来说刚好力所能及，那你还不赶紧"雪中送炭"去？

现在有的学校对孩子的德行教育十分看重，会不定时地举行"感恩老师"的集体活动。新闻上曾有过这样的报道：学生毕业在即，学校组织了一场感恩活动，其中有一个环节是"感恩老师"。当天，孩子们纷纷效仿古人的"束脩之礼"，向老师们赠送自己的心意。送的东西五花八门，选择像古人一样，送腊肉和五花肉的孩子也有很多。在集体活动上向班主任"送礼"，这机会简直太棒了。班主任也更能光明正大地站在孩子们面前。

所以，和班主任关系的拉近，方式是多种多样的。只要是合适合理的就是对的。大千社会，学校是最神圣和纯净的地方，孩子们也是最干净和单纯的。家长应该时刻标榜自己的言行，和班主任一起去守护孩子纯净的内心，而不是教会孩子用"投机取巧"的行径获取学习上的进步。

所以，你还打算"贿赂"班主任吗？

第6节　和班主任沟通时的注意事项

> 一个人必须知道该说什么，一个人必须知道什么时候说，一个人必须知道对谁说，一个人必须知道怎么说。
>
> ——德鲁克

朋友的孩子升入小学后，时常向我吐苦水："孩子这次考试考得不好，好想和他班主任沟通一下呀！可什么时候合适呢？""孩子班主任约我下午去学校谈话，我该注意些什么呢？"……

明明刚才还在和朋友谈天说地的人，一遇到和孩子的班主任沟通这件事，却会感到无比头疼。这其实是很多家长的写照。家长头疼是因为不会与人沟通吗？其实并不是这样的。许多家长头疼的关键在于沟通的对象是班主任，因而显得格外正式和陌生。归根结底，家长因为太爱孩子，生怕自己一个不合适的举动会给孩子的学习带来消极影响。

其实，人人都想要一次愉快顺利的沟通，可结果却总是千差万别。仔细想想，话谁都会说，可话也不是随便说说而已。以下和班主任沟通时的注意事项，你能做到几个？

1.挑选合适的时间，注意沟通时间的长短。

沟通并不是随时、随地、随心发生的，挑选一个好的时机，可以使沟通的效果事半功倍。比如，当孩子有了新老师，到了一个新的班级，或者孩子的学习课程有了变化。这些情况都是家长和班主任沟通的绝佳时机。孩子学习环境的变化决定了孩子适应时间上的长短，也决定着孩子对知识吸收的程度。家长和班主任作为孩子学习时期影响最大的人，彼此积极的沟通正是缓解孩子学习压力，改善孩子学习境况的有效手段。

家长还可以在考试成绩出来之后，选择和班主任沟通。成绩起伏的高低影响着孩子的情绪变化，一般来说，考试后的孩子情绪是很不稳定的。这个时候，一次有效的沟通完全可以帮孩子找到成绩起伏的原因，这可是提升成绩的关键时刻。

平时，家长想要和班主任沟通，可以选择在开完家长会后。家长会是班主任对自己近期工作的总结，也是家长对近期家庭教育的总结，更是孩子对近期学习情况的总结。家长这个时候去和班主任沟通，完全就是在为孩子的下一步学习做铺垫。只有经过一次次阶段性的胜利，才能获得真正的成功。

当然，在沟通时一定要把控时间的长短。耗时太久的沟通不仅不会起到作用，还会使对方感到疲惫；可沟通时间太短，反而会把重要的问题过于简单化，给人造成不重视的错觉。

2.沟通内容要精短。

有的家长认为，好不容易能和班主任沟通了，那我一定要好好说说我的心里话。如果你也是这样想的，那你已经犯下了致命的错误。班主任的工作是十分忙碌的，他分身给孩子家长的时间很有限。所以，一定要学会把沟通的内容精简化。在突出重点的同时，还能兼顾地谈到孩子的其他方面。这样的沟通是很多班主任乐见的，其结果也会比较理想。

3. 认清事实，不指责和抱怨。

和班主任沟通的目的，笼统地说其实是为了提高孩子的学习成绩。

孩子在学习过程中会受到各种因素的影响，从而造成成绩不稳定的情况。可对于部分家长来说，他们在心里一直有一种错觉，那就是孩子成绩的起伏是老师一手造成的。因此，有的家长会怀着抱怨的心情去"质问"班主任，甚至指责班主任。难道仅仅因为孩子的大多数时间交付到了学校，就能妄自把过错归于一方吗？这显然是不对的。

孩子的学习环境和心态不是一成不变的，它受多方因素影响，如家长、老师、朋友、身体、心情或者兴趣等。作为家长，我们首先要明白，生活中的任何因素都会给孩子带来一定的影响。其次还要明白，学校是群体生活，一位班主任每天要面对很多孩子，重点考察的是孩子的集体生活状态，不可能只对其中一个孩子做到事事俱备。最后更要明白，家长和班主任的沟通在于寻求原因，达成共识，同步解决问题。如果把所有问题推给一方，只会让问题"烂"在泥潭里，永远无法解决。所以，家长在沟通时一定要摆正心态，认清事实，先从自身寻找原因。

4. 学会倾听。

大家对沟通还存在一种误解，即沟通的重点是说。其实沟通中，倾听也起着至关重要的作用。倾听是家长获取孩子消息的重要途径，也是理解班主任决策和建议的重要途径。和班主任的沟通，并不是一场只传达自己观点和看法的对话。家长在坚持自我的基础上，也要去了解班主任的想法和立场。

5. 信任、理解、配合班主任。

如果把孩子的学习生活比作一场战争，那么家长和班主任就是主要干将。想要取得胜利，必须要信任彼此、理解彼此并要学会配合。孩子是双向学习，不仅要学习课本知识，还要学习生活知识。家长和老师完美配合才能驱动孩子双向收获。所以，当家长想要和班主任沟通时，首先要自查，我配合班主任了吗？我做了什么，是怎么配合的？搞清楚了这一点，家长在沟通时才能紧紧跟上班主任的步伐。

6. 谈话要开诚布公。

在家长眼里，班主任是沟通的"特殊对象"。正是因为有了这层特殊性，许多家长的说话方式较平时大不相同，甚至可以说是换了个人。具体体现为以下几点：

第一，说话太委婉。这一点说白了，其实就是家长心里考虑得比较多，有话不敢直说，反而拐弯抹角地说。这就会分散和班主任沟通的主要目的，使原本重要的问题和消息无法第一时间呈现给班主任，从而可能错过最合适的处理时间。

第二，说话太含蓄。曾经有一位家长，在孩子开学时打电话给班主任，他其实很想告诉班主任，请将我孩子的座位调到前面。但是这位家长又怕班主任觉得他的事儿太多了，所以在和班主任沟通时一直含糊其词，最后导致班主任并没有理解家长的用意，还以为家长只是想和自己认识一下。最后，这位家长的孩子并没有变换座位，而家长却认为，这是一位不好打交道、固执的班主任。从此再有任何问题，家长也不想和班主任沟通了。

中国人有说话含蓄的传统，喜欢"话留三分"。但是说话含蓄也要分时候和对象。像和班主任沟通这种事，需要的是畅快地表达信息和需求，清晰地说明观点和想法，这样才利于沟通目的的达成。

第三，没话找话说。家长的个性是多样的，有善谈的家长，有不善谈的家长。当不善谈的家长和人沟通时，容易出现"词穷"。为了缓解这种尴尬，家长会进入"没话找话说"的禁地。有时，还会出现总是重复一句话的现象。在这里，我要告诉所有的家长，班主任常常单枪匹马地和多人沟通，这就使班主任的工作容易出现重复性和疲劳感，因此他们最忌讳家长没话找话说。所以，要记住：简短、直接、有效、明确的沟通才是最有用的。如果沟通时间很短，就出现了"词穷"，那就直截了当地说"拜拜"。这也是为了留下好印象，为下次沟通做铺垫，总不能让班主任从此害怕和你沟通吧！

第四，话不好好说。这一点就涉及沟通时的态度、语速的问题。态度自然不用说，要端正、尊重班主任。关于语速，有这样一群家长，他们说话时似乎在自言自语。明明是找班主任沟通，却一直急切地只顾自己说。每当班主任刚讲两句时，家长就又会跳出来打断班主任的讲话，自顾自地说起来。出现这种情况的家长，属于急躁型的性格。所以，此类家长在和班主任沟通时，一定要在心里给自己设置一个警钟：慢慢说，听听看，说清楚，不打断。

和班主任沟通就是说话。换句话说，沟通是说正确的话，说合适的话，说有用的话。正确的话可以看出家长的素养有多高；合适的话可以看出家长的态度摆得正不正；有用的话可以呈现出沟通后的效果如何。所以，和班主任沟通一定要注意以上事项，以收到理想效果。

第7节　你的一些意见和想法，
　　　是否要告诉班主任？

> 提出问题比解决问题更为重要。　　　　　　　　——爱因斯坦

　　害怕得罪班主任，这是很多家长的心病。家长们一方面希望孩子可以得到好的、高效的教育，另一方面还希望孩子可以拥有一个完美的班主任。鱼和熊掌不可兼得。班主任也是人，人无完人。很多时候，班主任无法兼顾到集体中孩子们的方方面面，这个时候就需要家长站出来和班主任沟通，提出自己的意见。但是很多家长又会担心，我要是这样跟班主任提意见了，他（她）会不会觉得我很"事儿"，我很"难缠"？

　　其实，提出意见是一件很有必要的做法，班主任有时也很需要家长的意见来充盈自己的工作内容。平时，家长就应该积极、主动地配合班主任的工作，留下良好的印象。因为，友善的沟通态度和好的印象会给家长的形象大大加分。但是有一点必须说清楚，那就是家长千万不要采取巴结、趋炎附势的做法去配合班主任。家长也是孩子的老师，孩子更是家长的一面镜子，你的做法时时刻刻都在影响着孩子的言行。平等互助的关系才是家长和班主任沟通的正确打开方式。

不过，可以向班主任提意见并不代表你可以口无遮拦。想要班主任接受，除提出有用的意见外，还应注意以下一些细节：

第一点，家长在提意见时，一定要注意选对时机。任何工作都不是 24 小时连轴转的，班主任除工作时间外，也有自己的生活时间，如睡觉、吃饭。经常占用不合适的时间会让对方感到反感。现在是信息时代，人人都有手机和微信，家长完全可以先在微信上留言，等班主任看到并回复时，再提出自己的意见。不过需要格外注意的是，个人意见千万不要在班级微信群里说。班级群是共享班级和孩子学习情况的地方，不是处理个人问题的地方。

第二点，除选好时机外，还要注意说话时的措辞。在这里我先给大家讲一个小故事。

壮壮是个习惯特别好的孩子，每天放学回家的第一件事就是完成作业。今天壮壮新学了几个汉字，他兴奋地写了起来。妈妈发现壮壮把其中一个汉字的笔顺写错了，赶紧告诉壮壮正确的书写笔顺，可壮壮非说妈妈是错的，老师就是这么讲的。妈妈打开班级群，看了其他小朋友的作业，才发现很多小朋友的笔顺都写错了。妈妈立刻明白了，老师可能在无意间讲错了，还没有意识到。那么该不该告诉老师呢？如果说的话，怎么说比较好呢？

壮壮妈妈想了一会儿，给老师单独发微信说："李老师，打扰一下。壮壮把字的笔顺写错了，我想帮他纠正，可他太倔强了，说只听老师的话。您明天能帮我给孩子纠正一下吗？"许久之后，妈妈收到老师发来的一条消息：谢谢！

"术业有专攻"这句话不假，但是人都有出现小失误的时候。能够及时改正的失误就不算失误，只有一错到底才是最可怕的。家长在发现老师的失误时，第一时间不是埋怨，而是怀着谅解的心情，去组织合适的语言提醒老师，让老师能在第一时间帮孩子们纠正失误，这才是最重要的。在这种情况下，用对了措辞不仅能展现出家长较高的素养，还能给予班主任足够的尊重和理解，从而在班主任心目中留下深刻的好印象，班主任也会对孩子多加关注。

第三点，如果家长觉得班主任的一些做法十分欠妥，让你无法接受，你一定要将自己的想法和意见告诉班主任。因为只有家长和班主任开诚布公地完美配合，才能使孩子愉快地学习。一个对班主任不满意，却不好意思或害怕提出意见，又总是抱怨的家长，是孩子学习道路上最大的绊脚石。不过，在提意见时，家长一定要平静内心，有条有理，用事实依据说明。过于情绪化的意见会模糊了事实和目的，从而达不到效果。

第四点，还有很多家长喜欢在孩子面前表达自己对班主任的不满，甚至经常性地抱怨老师，这种做法是不可取的。班主任和其他老师是孩子学习的榜样，孩子在成长道路上会遇到很多问题，都离不开他们的指导和建议。可以说，没有任何学生能离开老师。当你开始在孩子面前诉说对班主任的不满时，孩子的内心也会慢慢演变成对老师的质疑，甚至会出现反感和对抗的情绪。久而久之，孩子学习的动力会明显下降。

因此，家长的意见和想法完全可以在合适的时间，用合适的方式，友善地告诉班主任。而不是用怀疑的心态、埋怨的情绪，去过多地琢磨和纠结。

说实话，提意见是好事，班主任收获好意见有助于管理班级，家长提出好意见有助于孩子更积极地学习。然而，一定要用对方式，一旦用错了方式，再好的意见也会变成不好的结局。

第8节　和班主任的沟通内容，该如何告诉孩子？

> 站在孩子的角度思考问题、处理问题。　　　——史笑梅

A 类型妈妈

餐桌上，小强坐下正准备吃饭，妈妈就一脸严肃地说："小强，今天班主任李老师找我聊了一下你最近的上课情况。"

"李老师怎么说的？"小强看着不太高兴的妈妈，慢慢放下了筷子。

"李老师说，你最近上课听讲特别不认真，总爱做一些小动作，还喜欢想些乱七八糟的事情，没有一点儿是关于学习的。每次提问你什么都不会，小测试也总是不及格。再这样下去，你就成班里倒数了……"

听着妈妈不断地数落，小强的头越埋越低，什么话都不愿再说了。

小强妈妈是生活中最典型且常见的一类，她的性格可能有些直接、急躁，我们称她为 A 类型妈妈。A 类型妈妈十分希望孩子身上的所有问

题，一经发现都能及时止损。为了达到这一效果，她们常常会把和班主任的对话，无论好坏，原封不动地告诉孩子。甚至，A 类型妈妈为了对孩子起到震慑的作用，还会在班主任原本的对话上进行添油加醋，然后批评孩子。

然而事实上，你的孩子真的就是这样的吗？你的孩子出现问题的原因是什么？你这样做真的会让孩子进步吗？

以上这些问题，A 类型妈妈大概率是不会考虑的。因为，她只站在了自己的角度去处理问题，并希望结果能按自己预期的一样发展。

B 类型妈妈

放学回家的路上，小丽叽叽喳喳地和妈妈聊着天儿。妈妈的电车骑得很快，后座的小丽根本没有注意到妈妈紧锁的眉头。班主任李老师刚刚打来电话说："小丽这次考试成绩有些不理想，名次至少退步了十名。她最近上课状态也没有以前积极，和同学们的交往也变少了……"

突然，小丽好奇地问道："妈妈，刚才是谁打的电话？是不是李老师？"妈妈故作轻松地说："你听错了，你又不是班里拔尖儿的学生，李老师给我打电话干吗？"

小丽仰着头认真地看着妈妈的背影，在心里暗暗庆幸：自己这次成绩退步不少，李老师没有给妈妈打电话，真是太幸运了。她以后要继续保持低调，少说话，少回答问题，尽量让老师注意不到自己。省得有什么问题，还要"请家长"。

小丽妈妈很害怕孩子知道自己和班主任的对话。她看似是为了不让孩子受到谈话的影响，继续保持学习状态，实际上却没有从根本上发现问题，解决问题，也完全忽略了孩子的内心活动。我们称她为 B 类型妈妈。B 类型妈妈喜欢默默承担，觉得自己一个人就可以扛下孩子学习中遇到的问题。这种类型的妈妈潜意识里认为：家长和班主任之间的沟通完全是大人之间的事，孩子不用参与进来。可 B 类型妈妈没有意识到：家长和班主任的沟通主要还是围绕孩子进行的，问题的解决也是为了让孩子能够更好地学习。固然有些问题孩子不用参与就可以解决，难道所有的问题都不需要孩子参与吗？

C 类型妈妈

小雨刚回到家，就闻到一股香味。她冲到餐桌边一看，惊喜地说："哇！妈妈，今天有什么好事发生吗？晚饭也太丰盛了。"妈妈笑着招呼小雨放下书包，赶紧吃饭。

饭桌上，大家吃得不亦乐乎。妈妈边吃边说："班主任李老师下午打电话了，说你考试成绩比想象中的要好，所以妈妈专门做了这些菜，为你小小地庆祝一下。"

小雨睁大眼睛惊讶地说："李老师真是这么说的？可我明明比上次退步了。"妈妈笑着说："李老师说，你这段时间学习状态有一点儿消极，写作业也没以前那么认真。她原本以为你会退步很多，没想到，你比她想象中考得要好。小雨，你在学校时，妈妈肯定陪不了，很多事情也就没法知道。你平时多么努力、坚强、乐观哪！可妈妈现在特别好奇，你最近变消极了，是不是遇到什么烦恼了？"

小雨听后不好意思地挠挠头说："也没什么，就是跟同桌吵架了，我俩好久都没说话了。原本能一起写作业，一起讨论问题，现在都是我自己一个人完成。"

妈妈恍然大悟道："如果妈妈改天约你同桌来家里吃饭，改善一下你们的关系，那你学习的动力是不是又像以前一样有劲儿了？其实，李老师和妈妈非常希望你能回到以前的学习状态。"小雨听后，笑着说：

"知道了，妈妈。这么好吃的饭菜，我得多吃点儿。"

小雨妈妈是智慧型妈妈，她会选择在放松的环境下，告诉孩子自己和班主任的对话，我们称她为 C 类型妈妈。C 类型妈妈很会抓沟通中的重点，她们会考虑到孩子的情绪状态，再将沟通内容经过加工后展现给孩子。接着，C 类型妈妈并不急于达到某种效果，也不会埋怨孩子，并刻意隐藏自己的期望。她会先找到孩子问题的关键所在，并想办法帮孩子一起解决和面对。

你该这样做

上面提到的三种类型的妈妈，是我们生活中比较常见的类型。家长和孩子的谈话方式和技巧对孩子的影响是十分深远的。拿 A 类型妈妈来说，强势和独断将是孩子对她的最大印象。孩子会害怕这类家长参与自己的学习，更害怕他们与老师有接触。这对孩子的学习会产生很多消极的影响。而 B 类型妈妈的沉默和隐瞒是和孩子沟通的最大鸿沟。孩子无法在第一时间知道自己的问题，还会产生一定的侥幸心理。久而久之，小问题堆积变成大问题，孩子只会在学习中养成"掩耳盗铃"的习惯。C 类型妈妈对孩子问题的处理方式和态度值得所有家长学习。和班主任的沟通，看似孩子没有参加，实际上，孩子才是最大的参与者。他们有权也应该知道沟通的内容。

但是沟通内容的好坏对孩子今后的学习状态影响较深，家长首先应该将沟通内容设计、加工后再告诉孩子。比如，班主任这次对孩子给予了很大的否定或警告。那么家长在告诉孩子时，应该稍微淡化班主任的评价，并给予孩子一定的信任和肯定，从而帮他找出解决问题的有效办法，再鼓励、引导、陪伴孩子一起改善。如果这个时候家长表现得比班主任更加严肃，孩子就会受到双重否定和打击，这会直接降低孩子的自信心和学习动力。

其次，家长可以转述班主任的沟通内容，但也要说明自己的看法。比如，班主任这次给予孩子高度的表扬和肯定。那么，家长在告诉孩子时，完全可以将班主任的话转述给孩子。先给孩子提供一定的情绪价值，让他品尝到努力的结果。不过，为了避免孩子出现膨胀心理，家长可以待孩子心情稍加平复后，委婉地告诉孩子他其实还需要进步，还需要做些什么。

最后，家长切不可只按自己的角度去呈现沟通内容。和班主任沟通的最大意义就是了解孩子，帮助孩子更好地成长。如果家长过于霸道和片面，那么和班主任的沟通就是毫无意义的。希望所有的家长都可以和班主任好好沟通，也可以和孩子好好沟通。

第 二 章

沟通的方式有哪些？

第1节　当面沟通时，该怎么做？

> 与人交谈一次，往往比多年闭门劳作更能启发心智。思想必定是在与人交往中产生，而在孤独中进行加工和表达。
>
> ——列夫·托尔斯泰

我们见面再说吧！

生活中，当我们有特别高兴的事情，或者有一些郁闷的心里话，想要跟朋友分享或诉说时，常常会说："我们见面再说吧！"那么，家长和班主任沟通的最佳方式也是"见面再说"吗？

关于这点，《中国教育报》已经做过报道：90% 以上的班主任认为，与家长的沟通对于孩子的成长至关重要。而在沟通方式上，95% 以上的班主任倾向于面对面交流。

不仅班主任支持当面沟通，智慧型家长也喜欢选择当面沟通。他们深知当面沟通更能使内容具体化、形象化，从而能和班主任产生更多的情感共鸣，来帮助孩子学习和成长。下面我们先看一则小故事：

班主任李老师打算近期和部分同学家长进行一次交流。他先把小明妈妈约到了学校。小明妈妈收到通知后，便早早地来到办公室中等待。李老师忙完后，走进办公室一看，小明妈妈的穿着得体大方，举止也很礼貌谦虚。在沟通过程中，小明妈妈表现得很有耐心，说话语调不快不慢十分温和，对李老师的很多合理要求也会点头赞同。临走时，小明妈妈笑着对李老师说："李老师，您真的太有责任感了，这真的让我很感动，我特别感谢您！"看着小明妈妈离开的背影，李老师笑着感慨：真是一位通情达理的好妈妈。

从故事中，我们可以看出，当面沟通时，家长留给班主任的印象不仅取决于沟通内容和家长的态度，家长的言行和穿着等也会通过眼球冲击着班主任的视觉判断。也就是说，肢体语言对于沟通至关重要。有研究表明：人们沟通中的信息只有7%是通过语言传递的，38%是通过我们的语气声调传递的，55%是通过我们的肢体语言传递的。

肢体语言包括很多，一个人的长相、目光、表情、动作、姿势、触摸和身体之间的距离等都属于肢体语言。面对不同情况时，就算不说话，人的肢体也会传递一定的信息。所以，家长和班主任当面沟通时，完全可以借助肢体动作来表达自己的情绪和态度。比如，当班主任表扬孩子时，你可以投以激动、兴奋的目光及表情，并用鼓掌表达对孩子的赞许和对班主任的感激。又如，当班主任给予一定的意见时，你可以投以认真的目光和表情，并用点头表达你对班主任的支持。这就是当面沟通的价值。

生活中有很多沟通，其实无论好的坏的，言辞和态度是强硬的还是温和的，当我们选择和对方坐下来当面聊时，这场沟通就已经被温暖了。好的沟通效果只会更好，不好的沟通效果也会变好。所以，孩子的事就和班主任见面再说。

当面沟通的小技巧

我们已经知道了当面沟通是很有价值的，那么在沟通时又有哪些小技巧可以帮助我们呢？

第一，注意自己的穿衣打扮。关于这一点将再次强调"第一印象"的重要性。家长的穿着打扮得体舒适，会使人觉得很有素养，生活很有质感和条理，也会给班主任带来想要接近的冲动。如果家长对形象十分不在意，穿着打扮邋里邋遢，别说是班主任，任何路人见了都会觉得此人没有什么文化和素养，生活过得很糟糕。

而且，别看孩子年龄小，他们也是十分要面子的。精致的家长会增加孩子的自信心，而过于不讲究的家长，也会间接地给孩子带来自卑感。

第二，学会和班主任打招呼。要知道，班主任面对的家长不仅有自己一个人，重复和忙碌的工作有时会让班主任感觉疲惫。怎样才能使班主任对自己记忆深刻，并缓解紧张和疲惫的氛围呢？主动、热情、自信地打招呼最有效。比如，家长笑着说："李老师，下午好，看您这么忙碌实在是辛苦了。"那么，家长传递出来的信息就是：我是一位热情、有礼貌、关心别人的好家长。谁会不喜欢和这样的家长沟通呢？

当家长开始主动向班主任打招呼时，就是在告诉班主任：我其实一直在关注着你。这也说明家长心胸宽广，是积极、配合班主任的，从而间接改善和调动着沟通的氛围。

第三，主动介绍自己并说明来意。正常情况下，家长见到班主任时，双方对彼此的了解都不算太深。有时候班主任过于忙碌，或者在平时接触少的情况下，班主任可能不认识自己。这个时候一定要主动告诉班主任"我是×××的妈妈，我来这里想和您沟通××"。当家长主动介绍自己和说明来意时，就证明你很重视这次沟通，那么班主任自然也会重视起来。

第四，注意自己的言行举止。前面已经讲过了肢体语言的重要性。那么在面对面沟通时，更要去用肢体去配合班主任。假如，班主任说到孩子的某个小缺点时，在他看来这个缺点对学习的影响很大，而你却不以为意地轻笑一下，或将目光看向别处时，就会使班主任觉得你对此事很不上心，也不太配合他的工作。

如果你真的不认可班主任的观点，也一定先认真听完班主任的话，并用点头和微笑赞同班主任的发现。然后再提出自己的看法和观点，这才是有效的当面沟通。在沟通过程中，家长的任何肢体动作都在表明着自己的态度和情绪，从而影响着沟通的进展。

第五，向老师表达感谢。沟通结束时，是家长在班主任面前再次加深印象的好时机。不管双方在沟通中是否持有一致的观点，家长都应该向班主任说声感谢。比如："李老师，今天打扰您这么久，实在太谢谢了。"又如："李老师，您对我家孩子这么关照，我和孩子爸爸都很感激您！"

用感谢的话去收场，更能说明你对这次沟通的配合和赞同。同时也是在为家长接下来的话做铺垫，比如："李老师，孩子今后就拜托您了。"又如："李老师，麻烦您以后再多关注一下我家孩子。"有了这样的话，就意味着会有下次的沟通，一来二去，家长和班主任只会越走越近，孩子也会得到班主任更多的关注。总之一句话，想要和班主任的沟通收到最好的效果，那就当面沟通。

第2节　用文字代替语言，短信、微信齐上手

> 谈话，和作文一样，有主题，有腹稿，有层次，有头尾，不可语无伦次。
>
> ——梁实秋

你用对微信了吗？

一位闺蜜曾向我抱怨说："孩子刚升入小学，不知道他适应得怎么样。很想和班主任沟通一下，可自己平时还得上班，下班时孩子已经被老人接回家了。自己根本没有机会到学校找老师。"我听完后就建议她，完全可以在微信上和班主任沟通。

微信是当今社会主流的社交软件。可以说，现在人们社交几乎离不开微信。当家长无法和班主任当面沟通时，完全可以使用微信来沟通。有的家长会说："微信沟通？那太棒了，避免了见面时的拘谨，说话随意点儿也没事。"这种想法大错特错，因为在微信上和班主任沟通需要注意的细节也不少。

首先，要主动添加班主任为微信好友。要开学了，班主任会在学生入学前建立班级群，并让家长进到班级群中。但班级群是班主任和任课老师向家长共享孩子学习情况的地方，里面的聊天内容也都是孩子学习方面的。家长想要和班主任沟通，那就需要从微信群里找到班主任的头像并主动添加为好友。

如果在没有提前建班级群的情况下，家长可以在微信添加朋友中输入班主任的手机号搜索出来，然后添加对方为好友。因为现在的微信用户基本上会绑定自己的手机号，让他人通过手机号添加自己。

如果连手机号也不知道怎么办？可以通过熟人推荐班主任的微信名片进行添加。或者可以向熟人或班主任要来微信二维码进行扫码添加。

添加的方式有很多种，但都会涉及添加时的一个自我介绍。也就是说，你要告诉对方你是谁。所以家长在介绍时要格式简明，内容简洁，字数最好控制在 15 个字左右，使人一目了然。比如：一（3）班李敏妈妈 1390389×××。"班级＋名字身份＋电话号码"的格式，能向班主任提供最基本且最重要的学生信息。特别是结尾处的电话号码，当紧急情况发生时，老师不用再查找学生的任何资料或者向别人打听，就可以第一时间获得家长的联系电话。

有的家长不太注重这一点，觉得加上微信后再详细介绍也可以。那我要明确地告诉你，班主任的工作量较大，工作范围较广，微信上的人数一定很多，如果他不认识这个人，那他为什么还要浪费时间在这个人身上呢？所以，家长在添加班主任微信时，一定要做自我介绍。

其次，添加微信后主动打声招呼。打招呼是做人最基本的礼貌。主动在微信上和班主任打招呼，一是为了加深印象，二是为你们今后的沟通留下愉快的铺垫。比如：李老师您好！我是李敏的妈妈，十分幸运，孩子可以跟着您学习，今后有任何问题您都可以在微信上通知我，我随叫随到。像这种有礼貌、谦虚且轻松的招呼，很难不给班主任留下印象。另外，家长们要注意，打招呼的文字一定不能太长，因为招呼只是一个简单的认识，并不是沟通内容的开始。

再次，注意聊天分寸。微信聊天虽然不用面对面，但是也不能想到什么就聊什么。就好像写作一样，你所发给对方的文字，一定是有主题、有背景、有目的，且是循序渐进的。班主任不是你随便聊天的对象，所以当你选择和班主任沟通时，一定要先明确自己的目的和想法。

而且在聊天中，切不可发出长篇大论的话。什么是沟通？沟通就是你一言我一句地互动。只顾表达自己内心的看法，会让对方造成误解，自己也会不清楚对方的真实想法，沟通还能顺畅吗？而且班主任那么忙，太长的内容他们有时候也无暇细看，这就会造成对沟通信息获取不够完全，从而达不到沟通的效果。家长可以先抛出一个主要的问题，等班主任回复后，再抛出相对应的问题。在微信上和班主任沟通，一定是逐渐开展的，而不是一下子就达到的。这就是微信聊天的分寸感。

说到分寸，微信的功能很多，朋友圈晒图十分常见。家长晒孩子和生活的日常非常有必要，因为班主任不是孩子生活的参与者，但是为了孩子的成长和学习，他有时需要去了解孩子的生活环境和状态。朋友圈晒图，就会给班主任了解孩子带来很多有用的信息。所以这也就要求家长晒图一定是合理合适、积极向上的。有的家长会经常把家庭矛盾宣泄在朋友圈上，这样的做法对于孩子的成长来说，十分不可取。

最后，要提醒所有家长，一千个读者眼中会有一千个哈姆雷特。所以微信中的文字有时并不能完全展现自己当时的情绪和状态。为了不产生误解，让文字变得更加生动，一定要学会使用微信上的表情功能。

短信也是小帮手

除微信外，短信也是文字沟通的小帮手。微信虽然是文字沟通的首选，但有许多方面是比不上短信的。比如，信号不好时，重要的信息可以用短信发送给班主任。又如，当有些内容需要定时发送给班主任时，可以使用短信。或者，当班主任发送一些需要验证的信息时，短信就会起到关键作用。

也有一些家长会让爷爷、奶奶或外公、外婆代替自己，去处理孩子的某些问题。而有些老年人可能不会使用微信的某些功能，这个时候也可以选择用短信代替。

微信沟通也好，短信沟通也罢，都是沟通方式中不可或缺的重要方式。只要用对了，都是好沟通。

第3节 巧用声音，语音沟通有讲究

> 一个人大声说话，是本能；小声说话，是文明。 ——梁实秋

声音是人的第二张脸

美国的一项最新的研究报告表明：一个人说话的声音比内容还要重要。声音比传达的内容重要 2 ~ 5 倍。通过对上万名普通人进行长期跟踪采访后，可以得出以下结论：声音洪亮且流畅的人更容易成为管理者；声音柔和又具有磁性的人更容易受到大家欢迎；而带有鼻音，声调刺耳或者尖锐的人更容易让人讨厌。

其实，一个人的修养、能力和观念并不是由声音决定的。但是人和人之间的沟通却容易受声音的影响。

有心理学家指出：一个人的声音决定了 38% 的第一印象，当别人看不到这个人时，他声音的声调、语速、语气变化和表达能力，决定了这个人说话可信度的 85%。

既然声音这么重要，当家长和班主任进行电话或语音沟通时，又该注意些什么呢？

第一，注意音量的控制。说话的音量会暴露出一个人沟通时的状态。资料显示：人在安静或虚弱无力时，说话的音量一般为 20 分贝左右；人在心平气和时，说话的音量一般为 40 ~ 60 分贝；人在愤怒和暴躁时，说话的音量一般为 60 ~ 70 分贝；人在吵闹的环境中，说话的音量一般在 100 分贝左右。说话音量过大，听者会很痛苦，对耳朵听觉神经的损伤也更大。

细节处见修养，这句话一点儿不假。比如，看电影时，如果有人大声谈论，就会影响他人观看，也就会让其他观影者打心底里觉得这是一个没有修养的人。所以，说话音量的大小可以间接反映出一个人修养的高低。做家长的，都想给班主任留下好印象。那么，当你和班主任进行通话或语音沟通时，无论当时的情绪是怎样的，都应该先去控制好自己的音量。

第二，注意语速的快慢。平时，我们经常接到各种各样的电话推销。不知道大家注意到没有，当推销员有条不紊、字字清晰地为你介绍时，你听电话的时间会长一点儿。反之，如果这个推销员说话很快，让你根本来不及思考，你可能会直接挂掉电话。也就是说，说话语速决定着语音沟通的时效性。

那么，在语音沟通时，语速难道不能有一点儿变化吗？当然不是。每句话和每句话的内容、作用、分量是不一样的，语速当然也不一样。如果自己无法完美地控制语速，那就记住：当你和班主任沟通时，和其保持一致的通话语速即可。这样，会让对方觉得，你们的频率是一致的，沟通也是一致的。

第三，注意说话语气的变化。直白点儿说，说话的语气代表着一个人的态度和情感。比如，温和热情的语气使人感觉亲切；直接坚定的语气能让人看到决心；冷漠埋怨的语气会让人退缩逃避；愤怒暴躁的语气会使人拒绝沟通。

语音沟通的好处是有限的，它不像当面沟通可以有表情和动作的辅助。所以，家长和班主任沟通时，一定要注意语气的抑扬顿挫，以免产生不必要的误解。

第四，说话要学会停顿、不可抢话。语音沟通十分忌讳抢话和持续性说话。和班主任的沟通是有问有答的，当家长或班主任抛出一个问题时，都要留下一定的思考时间，这就要求语音通话时学会适当地停顿。有的家长会出现听话听一半，就急着表达自己观点的情况，因而抢了班主任的话。先不说这样的做法会不会给班主任留下不好的印象，光是沟通中的许多信息就会变得不连贯或者被丢失。

如此看来，语音沟通时，双方在不见面的情况下，声音相当于我们的第二张脸。

和班主任语音沟通的小细节

知道了怎么用语音沟通，也需要了解清楚和班主任通过语音沟通时的一些小细节。

细节1：选对适合通话的时间。

班主任工作是一项朝九晚五的工作，但仔细想一下，好像又不是朝九晚五的工作。那么，怎样才能找对合适的通话时间呢？首先，家长可以通过孩子要到"班级课程安排表"，这样就能知道孩子班级上课和下课的准确时间。如果是一些不会占用太多时间的沟通，可以利用课间时间。如果是需要较长时间的沟通，那就从班主任的业余时间入手。比如，早上7:30左右，此时部分学生可能还处于上学路上，老师们还没有正式开始上课。

又如，中午 12:30 —13:00，此时上午的课程已经结束，学生和老师们基本处于午休状态，这个时间段和班主任通话，既不会打扰到班主任的工作，也可以给班主任保留时间休息。

再如，下午放学后的业余时间，但是一定要避开晚饭和睡觉时间，所以在刚放学时或晚上 8 点左右和班主任通话比较好。

细节 2：控制好沟通的时长。

语音沟通的时间一定不能过长，小问题最好把控在 8 分钟以内，大问题可以延长至 20 分钟左右。太长时间的通话会让人感觉疲惫，话题也不再新鲜，互动也会降低，所以十分影响沟通的效果。

细节 3：开场白要合适。

好的开场白会增加对方通话的欲望。好的开场白要求做到：态度热情、说话简明、介绍清楚。比如："李老师，您好！我是 ××× 的妈妈，我想占用您一会儿时间，和您沟通一下孩子的问题，您现在方便吗？"在这个开场白中，家长做了简单的介绍，也说明了打电话的目的，还征询了班主任的意见。这就方便让班主任去考虑并选择，是十分尊重的做法。如果此时班主任还有工作，但又感觉通话很有必要，相信他会调整工作的时间，这也就增加了持续通话的可能性。

也有一些家长在通话时过于简单，会直接说："李老师，您好！您这会儿有空吗？我想和您聊一下。"这样的开场白会让人纠结犹豫，首先老师不知道你是谁、你想干吗。如果说没空，那么可能会错失沟通的绝佳时机。如果说有空，但不知道你要问的问题能用多长时间解决，是否有必要占用他现在的时间。所以，家长一定要在通话前梳理好和班主任的开场白。

细节 4：谈话目的要明确。

语音通话对时效性要求得有些严格，所以在沟通中，一定要明确目的，直接说出目的和看法，尽快和班主任达成一致的观念。切不可在电话中软磨硬泡地沟通。

细节 5：先等待再回复。

给班主任打电话时，可能出现无人接听或被挂断的情况。这说明班主任现在有事在忙，或者不方便接听。那么，家长此时需要静心等待，绝不能重复拨打电话。否则会给班主任带来不好的印象，从而降低沟通的欲望，哪怕沟通了也达不到好的效果。

如果真的有突发情况，可以先给班主任发去短信简单说明一下。班主任看到信息后，相信过不了多久会主动打回来的。

细节 6：电话结束语有讲究。

有了好的开场白，当然也得有完美的结束语。和当面沟通时一样，礼貌是必需的，还要向老师表达感谢。但是语音通话属于快节奏沟通，在结束时，就不用像当面沟通一样去做铺垫。家长可以这样说："李老师，打扰您这么久，真是不好意思。今天和您聊得太开心了，谢谢您！"这就结束了吗？并没有，家长一定要等班主任先挂断电话，这是语音通话最基本的礼节。

声音在沟通中可以迸发出很大的能量。希望所有家长看完后都能重新给声音定义，发挥出语音沟通真正的价值。

第4节　书信虽落伍，但胜在温暖和浪漫

> 恰当地用字极具威力，每当我们用对了字眼……我们的精神和肉体都会有很大的转变，就在电光石火之间。　　——马克·吐温

在孩子成长的路上，相互取暖

写信？太老套了吧！相信绝大多数家长看到这个标题时会这样吐槽。是的，写信在高科技发展时代，确实十分老套。但是也不能因此否定写信的好处和意义。

在当今社会，我们身边的人生活节奏很快，他们大多选择相同节奏的沟通方式：面对面沟通、打电话、发微信等。不得不说，快节奏的沟通方式所带来的效率是又快又便捷的。因此，写信，这个慢节奏的方式逐渐被人们遗忘。

文字极具魅力。懂得书写文字的人，也是在书写着自己真实的情感。快节奏的沟通使人们过于重视目的，而忽略了沟通过程中的情感。而写信的节奏虽然缓慢，但在书写过程中，写信人用文字承载的情感真实、浪漫且生动。这或许就是写信总能触及他人心灵的最深处的原因。

写信的人是柔软的，他不会忘记初心，能够保持前行的动力。那么，家长为什么不能选择成为班主任的"笔友"，用真挚的文字来沟通问题呢？

想起上大学时，我的古代文学老师和现当代文学老师是夫妻关系。两人的性格差别很大，一个说话很直，另一个说话很委婉。大家都很好奇，他们明明频率不同，为什么还能一起手牵手上下班？了解过后才知道，他们平时有矛盾时，从不用语言争辩，因为人在激动的时候说出来的话往往不计后果，最容易伤害对方，从而影响他们的交流。这两位老师选择沟通的方式就是写信，文字是灵动的，可以把矛盾降到最低。这种浪漫的做法不停地给两人带来温暖，提供好的情绪价值，使他们更能读懂对方。

写信的方式可能有些落后，但产生的效果一定不比别的沟通方式差。而写信的人，在带给对方浪漫和温暖的同时，也会被对方回馈一定的浪漫和温暖。

你该怎么写信？

既然知道了写信是一件十分有意义的事情，家长给班主任写信时又该注意些什么呢？

第一，字体要工整一致。

也就是说，一封书信的外在很重要。所以在写信时，我们先要认真挑选信纸和写字用的笔，然后在书写时，把字写工整匀称。大人写字容易连笔潦草，这是写信时不可取的。"字如其人"，说的就是你的字代表着你自己，他人阅读时可以通过你的字，给你的个人形象打分。当班主任看见干净、工整、匀称的字时，一定会给家长打出极高的分数，也就有了读下去的欲望。而潦草、脏乱的字一定会让班主任印象极差，从而读时也不那么用心。

第二，文笔内容要得体。

书信的内容也就是你将要陈述的事情。写信和说话不同，需要有极强的连贯性，这样才能使主题明确清晰。那么，家长写信时就不能有想到什么说什么、忘记说了什么后面再随意添加的情况。因此，为了能够更好地呈现信的内容，家长完全可以在写信前将想要陈述的内容在心里过一遍。最稳妥的方式是，先打一遍草稿再誊抄过来。这样，才不会出现词不达意的情况。

第三，写信不能长篇大论。

写信时，常常出现越写越多、越写越激动的情况。因此，有时候写起来没控制住感情，就会写出好几张的内容。那么多的内容真的是在沟通一个问题吗？完全不是。班主任真的有时间读那么长的信吗？完全没有。所以，写信的内容要明确、精简，文字要清晰准确，切不可拖拖拉拉。

有的家长会觉得，我好不容易给班主任写封信，为啥不能一次写完我的心里话？我想问这样的家长，你难道不打算和班主任长期沟通了吗？这次信写得再多，难道你能保证以后不会出现其他问题了吗？所以，衷心提醒各位家长，先挑眼下最关键的问题写，等班主任回信后，再去书写下一个问题。来来往往之下，才能使沟通循环起来，也能建立彼此更深厚的感情。

读到这里，相信很多家长已经感受到写信的魅力和乐趣了。那就试着用写信这种"土方法"和班主任展开浪漫的沟通吧！记住，一定要让孩子成为你们的"信使"！因为这样会增加孩子和班主任沟通的频率，也会加深家长、孩子和班主任的感情。

第5节　沟通被拒绝后，你该怎么办？

拒绝是从口中随时冒出的一扇门。　　　　——佚名

为什么被拒绝？

人际交往中，并不是任何时候都可以顺利进展。被拒绝沟通也是人际交往的一种常态。所以，部分家长会出现想要和班主任沟通时，却总是被拒绝的情况。被拒绝就意味着存在某些原因，家长此时应该做的就是找出原因。

首先，回忆和班主任交往的点点滴滴。回忆可不是随便回忆一下，而是带着目的地回忆。

目的一，我以前是不是从来没和班主任沟通过？所以他对我没什么印象，才拒绝我的？如果是这样的情况，那就说明你在班主任心里是个透明的存在。那么这个时候，你就要持着"新人"执着、谦虚的态度，让班主任重新认识你，从而打开你和班主任沟通的大门。

也有家长平时因为忙碌，因为时机不对，可能无意识地拒绝过班主任，让对方以为你很不配合。那么，你可以借助短信或微信，先向班主任解释清楚原因，待对方理解回复后再去主动沟通。

总之，被拒绝一定有原因，找到原因才知道下一步该如何行动。

目的二，我以前和班主任在交往中有没有发生什么不愉快的事？有没有说过一些难听的话？当你发现班主任拒绝和你沟通是因为曾经的不愉快造成的，那就说明，班主任心里对你还有抵触的情结，你们曾经的问题并没有得到完美的解决。

你此时要做的就是主动解释清楚，先将上次遗留的问题处理好。然后再怀着真诚的态度向班主任道歉，使对方看到你态度的转变，进而才能进行新的沟通。

如果你曾说过班主任的坏话，刚好不小心被他知道了。这种情况，除了道歉，还是道歉。但是道歉时，你一定是真的认识到了自己的错误，歉意是发自内心的。否则，有目的地道歉并不会让后续的沟通达到理想的效果。

目的三，班主任是否提前告知过家长，他因为工作暂时不接受任何沟通，有事留言即可。如果是这样的情况，那就不要着急，坦然面对拒绝。等到机会合适再去和班主任沟通，届时沟通时，因为你的打扰要先向班主任致歉，再去进行沟通。

其次，你的沟通真的很有必要吗？

被拒绝后，家长应该先审视一下自己沟通的目的，是不是真的很有必要。家长对孩子的爱很急切，这表现在孩子一有风吹草动，家长就希望立刻、马上解决掉。有时，孩子的情况在班主任看来可能属于正常的，没有沟通的必要。但家长却偏偏抓着这一点不放，这等于是把小问题扩大化了。所以，才会出现被拒绝沟通的情况。此时，家长应该先掉转头和孩子谈谈心，看能不能独立解决这个问题。或者，家长要自我开导，疏解紧张心理，坦然面对并接受孩子的变化。

那就再主动一点儿

也许有的家长会说，我觉得我做得都很好，可班主任就是不和我沟通。那么，首先，家长要降低沟通的期待值，你要明白并不是每次你想沟通时，班主任都能无条件接受。班主任的重点工作是教导学生，如果家长都想随时随地和班主任沟通，面对那么多家长，班主任还能安心工作吗？这时就需要家长多理解班主任一点儿，理解也是为了舒缓自己被拒绝后可能有点儿苦恼尴尬的情绪。

有的家长对拒绝行为格外敏感，被班主任拒绝一次，就会很长时间处于情绪低落的状态。其实，你这种害怕的心理属于害怕被别人否定。这时家长更应该调整自己的心态，因为当你足够强大时，你在沟通中才会更加自信。

当家长调整好心态后，接着就要主动出击。班主任不和我沟通，那我就主动和班主任沟通。拒绝后，我再挑选合适的时机去沟通。家长如果能这样想或这样做，那就说明你的内心充满了能量，而你在主动的过程中，也会使班主任感受到你的自信和强大。

而且，辅导孩子不仅仅是一个人的事，家庭成员都应该积极地参与进来。家长完全可以根据班主任的年龄特征，从家庭成员中挑选合适的人去主动联系。同龄人更能理解同龄人，他们之间的话题也会更多。说不定换人沟通后，会收到意想不到的效果。

说白了，主动出击就要发扬"愚公移山"的精神，山就在那儿，是不会跑的。所以，只要你足够真诚，足够主动，足够耐心，就一定能获取机会的。

第 三 章

沟通的内容有哪些？

第1节 孩子课堂学习的积极性，
你该如何了解？

> 对自己，"学而不厌"，对人家，"诲人不倦"，我们应取这种态度。
>
> ——毛泽东

学会提问

孩子的学习状态是家长最关心的事，学习很积极的孩子，知识掌握得够全面，成绩也把控得比较好。可一个孩子每天从 8:00 到 17:00 几乎都在班级学习，家长该怎么去了解孩子学习是否积极呢？最直接的方式就是问班主任，问就是提出相关问题。心理学家莫勒曾说：提问是使你的大脑实现程序化的最强力的手段之一，因为提问具有强制思考的力量。

家长和班主任沟通的限制性很强，如时间的限制、次数的限制等。这就要求家长和班主任沟通时，必须强制性地达到某种效果。提问正是让班主任强制思考问题，给出答复的一种手段。

可问题有好有坏，不同的问题得到的效果就会不同。比如，一个积极、向上且有必要的问题，就会使沟通的双方共同朝着积极的一面迈进，你们的关系也会因为问题变得紧密而积极。而一个不好的问题，使双方在沟通时变得消沉和闪躲，这就得不到准确的答案，而你们的关系只会越拉越远。

所以，家长想要从班主任身上获取孩子上课积极性的信息，那就不能直接问："老师，我家孩子上课积极吗？"因为这是一个过于笼统的问题。怎样算积极？认真听课？从不请假？还是课堂作业写得好？

我们在收集某些信息时，会有这样的一个情况，就是提供信息的人讲了很多东西，可听取信息的人只会按照自己的喜好，从中挑选出一些信息进行判断。这明显是片面的做法。

因此，在问班主任你的孩子上课是否积极前，应该想好从哪些方面提问，这样才能完整地了解。

当然，有了问题就会有回答，在这一过程中，问题可能比较简短，但答案却比较广泛。也就是说，家长提出一个问题后，班主任可能会说出很多内容。这时，你就要学会倾听。倾听是对班主任的尊重，更是让你从中获取相关信息后，可以准确、关联地提出下一个问题的重要环节。

你可以提的问题有哪些？

接下来，我要列举几个可以向班主任提出的问题。这些问题虽然没有直接提到"积极"的字眼，但是每一个都可以反映出孩子的学习状态。

提问一：老师，我家孩子上课时喜欢回答问题吗？

这点考察的是孩子上课是否在认真听讲，有没有听懂，和老师的互动如何。这等于让班主任强制性地回忆起孩子的许多课堂表现。如果班主任告诉你，你的孩子上课听讲认真，也能听懂，就是和老师的互动不多，那就说明孩子的学习态度很端正，就是表达上不够主动。家长因此可以从孩子的性格和表达能力入手，帮助孩子进行改善。

如果班主任对这个问题回答的内容比较少或者比较含糊，就证明孩子在听课时的积极性不够，没能引起格外的关注。这种情况也是正常的，毕竟班级是个大集体，班主任要教导很多学生。你的孩子过于沉默，就吸引不到他人的目光。如果是这样的情况，当家长抛出这个问题后，班主任在此后的工作中就会下意识地关注到你的孩子。

提问二：老师，我家孩子还有什么地方需要改正和提高？

这是一个关于缺点的问题。班主任在回答时对孩子缺点的陈述，直接可以反映出班主任对孩子的态度。班主任的态度就是对孩子学习积极与否的最好判断。比如，你问完这个问题，班主任说了几个缺点后，又用孩子的很多优点进行表扬，那就说明班主任十分认可这个孩子。试问，一个课堂表现不积极、不配合的孩子会得到班主任的认可吗？

又如，你问完这个问题后，班主任一直在说孩子这里不好，那里需要改正，那就说明这个孩子让班主任时常感到困扰，班主任并不认可这个孩子。试问，一个不被认可的孩子，上课会积极主动吗？班主任除了他的职业角色，他首先是个人，他也有喜欢和不喜欢的人。所以班主任的喜欢与不喜欢，恰恰可以反映出孩子的课堂状态。

提问三：老师，我需要怎么配合您？

这句话其实不算是一个问题，准确地说，是一种善意的提醒。它表明了家长对待孩子和班主任工作的态度：不管我的孩子有何问题，我都会尽力配合您，一起改善孩子，努力帮他进步。

这个态度就是在提醒班主任：无论我的孩子怎样，您都是他人生路上的照明灯,您有责任帮孩子照亮前进的道路。

同时,家长配合班主任工作的态度,也是对班主任最大的尊重和支持。

提问四:老师,我家孩子和同学们相处得怎么样?

看到这个问题,有的家长会纳闷:咦!不是说课堂积极性吗?怎么扯到人际关系上了?如果你觉得这两者没有关联,那就错了。俗话说:近朱者赤,近墨者黑。我们当然不能用"赤"或"黑"来评价孩子的秉性。但是,如果你的孩子身边的朋友都是学习努力、乐观、认真的,那就不愁你的孩子上课不积极。相反,如果你的孩子的朋友很贪玩、自律能力也差,你孩子上课的积极性一定会大打折扣。

同时,如果你的孩子在班级里的人缘很好,那就说明他心态好、乐观、热情,他的学习态度起码比较端正。如果你的孩子在班级里没有什么人际关系,那就说明你的孩子过于内向,或者受到了一些排挤。如此下去,孩子上课会积极吗?所以说,孩子的人际关系也能反映出他的课堂状态。此时,你还会觉得人际关系和课堂积极性没什么关联吗?

提问五:老师,您觉得我家孩子的闪光点是什么?

为什么要这样问?让班主任强制性地回忆你孩子身上的优点,等于让班主任对孩子身上的优点加深印象。那么,在此后的上课过程中,班主任就会下意识地注意到你的孩子,从而调动他上课的积极性。何乐而不为呢?

好的问题其实有很多,家长也应该保持学习的状态,学会提问,提出好问题,才能和孩子一起成长。

第2节 孩子的日常学习，
何时向班主任了解最好？

只要愿意学习，就一定能够学会。 ——列宁

　　说了千言万语，都离不开有关孩子学习情况的话题。我们曾说过当孩子出现学习方面的问题时，要和班主任及时沟通，而且一定要慎重挑选时机。可如果家长只是想多了解一下孩子平常的学习情况，是不是也要和班主任积极沟通，也要选一个好时机呢？答案是肯定的。

　　其实有许多家长会有这样的想法：平时觉得孩子没什么问题，就不用和老师沟通。反正孩子一直按照老师的节奏在学习，肯定不会出错。可真当自家孩子出现问题时，很多家长再去和班主任沟通，再想补救的方法，不晚吗？小问题可能还好说，但是严重的问题就没那么快解决了。说来说去，家长要明白一点：不是非要等到孩子出现问题时才和班主任沟通，孩子在日常学习过程中，家长也可以和班主任积极沟通。不过，虽然是日常沟通，家长也不能太随心所欲。具体怎么做，可以从以下四个方面入手：

第一,家长在新学期初,就应该和班主任沟通孩子本学期的学习目标。学期初始,无论是班主任、家长还是孩子,负担都没那么重,任务也没那么多,正是家长和班主任好好认识彼此的好时机。家长和班主任认识后,话题肯定多数还是与孩子有关。可怎样才能让这次沟通的价值最大化呢?那就要学会和班主任沟通他最擅长的话题。比如,你家孩子的班主任是语文老师,除了和班主任聊一聊学生管理上的问题,家长还可以向班主任了解一下本学期语文课学习的重点内容是什么、孩子学习语文时有什么好技巧等。

要知道,和老师聊他最擅长的话题,那么他大概会打开话匣子的。老师所讲述的内容,肯定与他的专业技能和知识重点有关。比如,老师的讲课方式,本学期的重点内容等。家长这么一问,相当于提前帮孩子去了解老师,以及提前帮孩子适应新知识。而且,这时的班主任一般是最自信的,他也很喜欢和家长这样沟通,因为家长的问题能够使他展现出专业和权威的一面。

第二,当孩子学习感到吃力或者学习中出现困惑时,就要及时和班主任沟通。孩子在学习中也会出现吃力的情况,如一道题目读了很久还是没有明白,一道计算题算了很长时间,答案还是错的,等等。很多家长会想:是不是我的孩子上课没有认真听讲?是不是我家孩子跟不上老师的节奏了?在这里我只想说:什么情况都有可能,与其在自己心里纠结,不如向孩子了解清楚后,和老师好好沟通一下,找找原因和方法。这时候和班主任沟通,绝对是一个好时机。有了合适的理由去沟通,可以帮孩子把困惑扼杀在摇篮中。

第三,学会观察孩子的状态,从细节中发现问题,向班主任及时反映情况。这一点就需要家长格外细心,要学会观察孩子表情和动作的变化。比如，我家孩子每天放学后，一打开家门必定要喊一声"妈妈，我回来了"。突然有一天，他看似很正常，偏偏就没喊那一句"妈妈，我回来了"。我就知道他肯定有心事，可我家孩子偏偏十分内向，主动问他，他肯定会说"没事呀"。于是，我多留了一个心眼儿，帮他整理书包时，查看了一下孩子的课堂笔记。我发现很多课堂笔记记录得断断续续的，很不完整。经过耐心询问，孩子才告诉我，老师讲的内容，他有的地方还不太理解，可他有些不好意思去问老师。所以最近很多课堂作业也做不好，心里感觉很累。这时，就要及时向班主任反映孩子的情况，请求班主任也多关注孩子的课堂学习状态。家长和班主任要同时一起帮孩子查漏补缺，从根本上帮孩子解决问题，不使问题扩大化。

第四，有的家长会说：太细节的事情，我观察不及时影响了孩子怎么办呢？这样的情况，你可以在孩子考试之后，和班主任讨论一下试卷内容。注意，是讨论试卷内容，而不是讨论考试成绩和班级排名。很多家长喜欢用成绩证明孩子的学习实力，这其实不科学。因为成绩只是一时的，反映的是孩子某一阶段的学习情况，并不能反映孩子的整体水平。那么，怎么和班主任讨论试卷内容呢？

比如，可以向班主任了解试卷中的难点，并了解孩子关于难点的掌握情况。还可以向班主任了解孩子做题上的不足之处，怎么做才能使孩子进步。

这样了解的好处是了解清楚孩子知识上的欠缺，以及对难点知识的掌握程度。成绩虽然不重要，但是试卷却最能揭开孩子学习的真实情况。所以，家长了解清楚后，还怕补救不回来吗？

总之，告诫所有的家长：亡羊补牢，为时不晚。只怕不补，再补很难。所以，挑一个好时机多和班主任沟通吧！

第3节　孩子上课"听不懂"时，该怎么做?

读书要眼到、口到、心到、手到、脑到。　　　　——鲁迅

为什么听不懂?

前几天看到朋友圈里，一位妈妈有这样的苦恼：开学一个月了，孩子总是说他听不懂课，真愁人哪!

其实，孩子在上学过程中会间歇性地出现听不懂的状况，这并不奇怪。刚开始时，知识比较简单，在老师的认真讲解和家长的耐心辅导下，孩子也能全面地掌握基础知识。但随着知识越来越深奥，孩子对知识的吸收和掌握就会参差不齐。这时，家长经常苦恼并责怪孩子，这很容易导致孩子对学习产生恐惧心理，变得更加听不懂。

我们也经常在网络上看到一些小段子，比如，有一位十分年轻的妈妈，孩子经常听不懂老师讲课。每天回家写作业时，很多问题不会做。妈妈在辅导孩子作业时也经常被气得火大，后来，这位妈妈感觉胸部经常不舒服，到医院一检查才知道，因为经常生气导致自己得了乳腺结节。

这看上去是一件十分搞笑的事情，但其实是很多家长的血泪史。想要从根本上解决问题，家长首先要找到孩子听不懂课的原因。正常情况下，孩子听不懂课的原因无非有以下三种：

第一，基础太差，理解能力跟不上。

所有孩子出现听不懂课时，就已经说明孩子的基础知识掌握得很薄弱。就好像铺路，地基没打好，路能铺得结实牢固吗？针对这种情况，家长必须尽快让孩子从头查缺补漏，将欠缺的基础知识追赶上来。然后再巩固当下听不懂的课程，从而可以撵上课本讲解的进度。

有的家长会说，从头补习不知道该从哪里入手。这时，我们可以跟班主任沟通一下孩子的情况，以及你的想法。相信很多班主任会支持家长的提议。然后可以让班主任告诉家长孩子具体欠缺的地方和需要重点复习的知识点。有了相对的知识点，家长也就知道该复习什么内容了。

还有的家长会说，我孩子三年级前的知识，我还能帮他复习。三年级后的知识太深奥了，我根本不会给孩子辅导呀！这时家长可以让孩子请教老师和同学。

第二，孩子自律性差，上课根本就不听讲，喜欢做自己的事情。

生活中，有很多孩子的自律性特别差。拿我邻居家的孩子来说，每天上学前，爷爷、奶奶和妈妈三人都要轮番催促，才能将自己上学的东西整理好。每天放学后，别的小朋友都是第一时间完成老师布置的作业，而邻居家的孩子总是先玩。我经常在晚上八九点钟还能听见邻居吆喝孩子：快来写作业，你不打算睡觉了吗？

对此，我要特别强调：自律真的是孩子生活和学习中最坚固的垫脚石。自律也是家长对孩子从小教育的一种态度。邻居没有严格管教他的孩子吗？其实有，而且很严格。但是为什么还会出现这样的情况？是因为，自律是需要从小灌输给孩子的。有很多家长在孩子学龄前觉得孩子太小了而不忍心严格要求，这就是错误的做法。也有一些家长虽然做到了好好要求孩子，可是一看到孩子委屈的模样就会妥协。这种种的原因就是孩子学会自律的最大敌人。

如此一来，等到孩子入学后，就会暴露出很多弊端。比如，课堂自律性差，思想和行动总是开小差，偷偷摸摸做自己的事情。所以，孩子出现听不懂课的情况也就不稀奇了。我在此真心地劝告家长们：一定要从小培养孩子正确的观念和自律的心态。

还有一种情况，孩子处于叛逆期总喜欢和别人对着干，所以才有了上课不够自律、听不进课的情况。那你就要和孩子好好谈一谈了，问问他希望你成为什么样的家长。然后迎合孩子改变自己，从而使孩子信任自己，再好好地劝诫孩子。

第三，孩子听课抓不住重点，看似全程都在听讲，却根本不知道老师在讲什么。

针对这类孩子，家长可以提前帮助孩子预习新的课程，适当地为孩子讲解课程中的重点内容。注意，不是全部讲解，而是适当地讲解。这样使孩子能够在上课时跟上老师的节奏，对知识也能理解和吸收。但过多的讲解就容易造成孩子提早学会太多知识，不重视上课。

然后，家长还要帮孩子在课后适当地复习巩固，从而加深孩子对知识点的印象，不再有听不懂课的现象。

学会向班主任打听孩子的情况

以上三点，都有一个必需的过程，就是从家长发现问题，到和班主任及时沟通的过程。首先，家长发现孩子听不懂课的时，一般是孩子不能好好完成作业，不会解答很多知识点时。很多时候，孩子感觉自己听不懂课，第一时间是不会主动告诉家长的。他们有的出于害怕的心理，有的出于不想让家长操心的心理，有的出于想把最好的一面展现给家长的心理等，使家长无法准确地了解到孩子的学习情况。

所以，当孩子在日常作业中出现异常情况时，家长就要和班主任及时反映，打听他的课堂状态，从而找到孩子听不懂课的主要因素。

其次，家长发现孩子听不懂课时，肯定会采取一定的办法或措施进行补救。那么，补救的结果是好是坏呢？这就需要家长不定时、耐心、主动地向班主任打听孩子近期的学习是否有进步。当班主任给予肯定时，那说明补救的办法已经奏效，而且补救的办法是正确且适合孩子的。如果班主任给予了否定，家长就要考虑补救的办法是否正确，是否适合孩子。

所以，从这两方面来看，家长和班主任不定时地、及时地沟通是非常有必要且十分重要的。

在这里，我要开导各位家长，不要经常忧虑孩子学习中的任何情况。孩子好的一面和不好的一面其实都在帮他成长。作为家长，你的忧虑会感染孩子，影响他的学习状态。有问题，好好解决就行了。

第4节　要如何和班主任
沟通孩子的考试成绩？

> 你为某件事付出的努力越多，当你实现它时，你的感觉就越棒。
>
> ——齐格·齐格拉

提到考试，家长对它又爱又恨，孩子对它又惧又怕，班主任对它又悲又喜。一场大型考试下来，简直就要发生一起"人间灾难"。孩子成绩不同，家长就会出现不同的对待方式。那么，当孩子考试成绩不同时，又分别该如何和班主任沟通呢？

我家孩子考试成绩很好

当孩子考试成绩特别优秀时，家长的心情别提多高兴了。考得好就不用和班主任沟通了吗？当然要沟通。首先，家长可以用微信或短信的方式，感谢班主任对孩子的辛苦培育。其次，家长可以挑选合适的时间和班主任沟通一下孩子考试中的优点和不足，以及接下来该如何和班主任打好配合。

不过，值得注意的是，当家长打算和班主任沟通时，最好适当地回避孩子。刚取得好成绩，孩子的心理正处于兴奋放松的状态，如果当着孩子的面，和班主任一起聊这些，会打压孩子的荣誉感和兴奋度。严重的话，还会引起孩子的反感，孩子会觉得：我刚考试完，你就又开始着手我下一步的学习，还能不能让人放松一会儿？

而且，如果班主任在沟通时，为了表扬孩子，一直在说孩子的优点，就容易造成孩子骄傲的心理。可如果班主任为了激励孩子，一直在说孩子考试中的不足，那就容易让孩子否定自己在这次考试中的付出。

所以，为了稳定孩子现有的学习状态，适当地回避孩子去和班主任沟通，是利大于弊的。

我家孩子学习很努力，成绩却在退步

第二种情况就是，我家孩子明明很努力地学习了，为什么成绩却退步了？这时家长首先要和班主任一起分析一下，孩子退步的原因有哪些。

我曾经历过这样一件事：我的小外甥上小学三年级，他的学习状态乐观积极，每次课堂都能和老师互动得很好。他平时的作业完成得特别好，对知识的掌握也不错。可他考试成绩却很不理想。大家都很难理解，后来，家长和班主任沟通后，才知道小外甥考试时太大意。拿一道数学题来说，他的算题步骤和思路没有一点儿问题，可最后答案明明是15，他却写成了5。正因如此，他的成绩总是上不去。这类孩子其实就是对题意的理解还不够深入，对自己的能力也认识得不够全面。说白了就是孩子对自己太过自信，从而在考试答题中产生了一种错觉：我做的都是正确的。

还有一位妈妈曾告诉我，她家孩子是班里的语文课代表，他学习特别认真，之前考试成绩都很不错。可最近几次考试成绩一次比一次退步。后来，班主任和这位妈妈聊天后，才得知孩子最近报了很多特长班。这也就把孩子的心分散了，不退步才怪。

所以，当孩子的考试成绩出现退步时，家长一定不能无由头地直接责怪孩子。首先去问一下班主任，好好聊聊孩子可能退步的原因。只要找到了原因，再去补救就还不晚。就怕有的家长只会督促孩子学习，退步了就责怪孩子，从没想过帮助孩子补救。家长要明白，孩子毕竟没有成熟的心智，光靠他自己的努力有时是不够的。

我家孩子从没考过理想的成绩

还有一种家长，平时和孩子关系都很好。就是一提起孩子的考试成绩，总是"失望＋无奈＋头疼"。这种孩子可能从来没有考过好成绩，也没有带给过家长关于成绩上的喜悦。时间久了，这类家长可能已经习惯了自己的孩子考不好。那么试问一下，做家长的，真的能打心底里对自己的孩子不抱任何希望吗？

但凡真正问过自己内心的家长，其实还是希望孩子可以变优秀的。所以，这类家长首先应该调整心态，先别过于在意孩子眼下的成绩。一时的成绩根本说明不了孩子未来的学习情况。这类家长应该更加主动、多次地和班主任沟通孩子的学习，从对知识的掌握程度上去判断孩子进步了没。从而找到适合自己的孩子，可以帮助自己的孩子补习的好办法。先掌握一个点，逐渐再去掌握更多点，最后才能全面掌握知识。记住，一个孩子对知识的掌握要比眼下成绩的好坏更加重要。

我举例加以说明：程程的语文成绩很差，妈妈问过班主任后得知，程程的基础知识掌握得不好，阅读理解能力也不好，写作水平还很差。妈妈计划从阅读理解入手，帮助程程从头补习。补习一段时间后，程程再次考试，却依然没有取得好成绩。妈妈仔细查看了程程的试卷，却无比高兴。因为程程虽然成绩不好，可阅读理解得的分数却很高。看来这段时间的补习是有效的。妈妈决定，先不看成绩如何，就看程程补习后的知识掌握得如何。只要一项一项坚持进步，总有一天，程程一定能取得好成绩的。

　　总结了以上常见的三种情况，家长应该明白，考试成绩并不能决定一个孩子，它只是反映孩子阶段性学习情况的方式。家长应该借这样的方式及时和班主任沟通孩子的问题，双方相互配合，找到适合自己的孩子的学习方法，调整好自己和孩子学习的心态，坦然面对，共同进步。

第5节　孩子的作业完成情况，该怎样和班主任沟通？

> 愈坏的消息，应该用愈多的力气沟通它。
>
> ——安德鲁·S.葛洛夫

你陪孩子写作业了吗？

现在家长圈里流行这样一段话：不谈作业，母慈子孝，连搂带抱；一谈作业，鸡飞狗跳，呜嗷喊叫；让老人血压升高，让邻居不能睡觉！前一秒如胶似漆，后一秒分道扬镳。

这段话读起来很好笑，但是反映出的情况也很真实。少数孩子能够独立、高质量地完成作业；多数孩子可以及时完成作业，但作业的质量比较一般；还有一部分孩子完成作业的现场，夸张点儿说简直就是"人间炼狱"。

作业是一个孩子在漫长的学习道路上一项重要且不可能丢下的任务。大概率地说，许多家长就是因为孩子的作业，才和班主任有了第一次沟通。有一些家长会询问班主任，为什么我家孩子作业写得这么不好？这时家长应该先反问自己：你真的参与孩子做作业了吗？

家长有时候会对作业这个概念有误解，认为老师布置的作业，当然是老师的事儿，家长可以不用管那么多。因此就会出现，孩子今天布置了什么作业？孩子作业内容会不会？今天的作业有没有完成？是自己独立完成的，还是"借鉴"了别人的作业？这些问题，家长并不清楚。

作业实际上分为课堂作业和家庭作业。孩子上课时，老师为了巩固所讲的知识，会布置一些课堂作业让孩子完成。课堂作业一般都会在老师的指导下完成，并批改和订正。而家庭作业是老师布置的一项放学后带回家完成的任务。前面我们已经讲过，孩子的教育不光依赖于学校教育，家庭教育也十分紧要。家庭教育就需要家长来参与执行。所以，家庭作业也不能只依靠孩子或老师，家长的高度参与才是对作业的正确解读。

曾听到一位班主任说过，他们班的一个学生作业完成情况时好时坏。好的时候简直就是标准答案，不好的时候一眼就能看出完全是为了应付老师。班主任很纳闷，于是就给孩子爸爸打去了电话，说起孩子的作业，孩子爸爸却是一问三不知的态度，最后聊得很不理想。于是，班主任就约见了孩子的家长到校沟通。这次来的是孩子妈妈，在沟通的过程中，妈妈对孩子的作业了解得特别清楚，说话也很有条理。这时，班主任才明白，孩子作业完成得好的时候是妈妈在辅导，孩子作业完成得不好的时候是爸爸在辅导。两人对待孩子作业的态度大相径庭，也从来没有好好沟通过，没有用统一的标准去要求孩子。

生活中，因为各种因素，参与孩子的家庭作业的成员不同，态度不同，就会让孩子的作业书写情况不同。久而久之，孩子不仅没有树立起正确书写作业的观念，也不会养成良好习惯。所以，家长双方在对待孩子的作业上,态度和目标必须达成一致。

聊作业讲究多着呢!

那么,该怎么和班主任聊孩子的作业情况呢?

首先,家长可以询问老师自家孩子作业书写情况怎么样。有的家长会疑问,家庭作业每天都是我辅导的,还用得着问老师呢?专业的事情当然要问专业的人。这一问,是让老师站在批改的角度,对孩子的作业进行评价。对孩子的作业评价,等于是对家长辅导作业的情况进行评价。家长也可以知道自己哪里做得好,哪里做得还不够,这样才能查漏补缺。

还有一点,家长问完之后,可以和老师聊聊孩子在家学习的情况。这样就可以将你对孩子家庭作业的参与度间接反映给老师。聊这个话题有两个好处:一是可以让老师获取到孩子更完善的信息,方便日后课堂上对孩子的教导;二是可以让老师知道,你十分配合老师的教学工作,你对孩子的学习十分上心。

针对这个问题,家长在和班主任沟通前必须掌握四个信息:(1)班主任给孩子布置了什么作业?(2)孩子写作业用了多长时间?(3)孩子在写作业过程中出现过什么情况?(4)孩子写完作业后有没有认真检查一遍?

其次,家长可以问班主任自家孩子的课堂作业完成得怎么样。抛出这个问题,重点就是为了让家长了解到孩子在学校学习的一个状态。孩子的课堂作业完成较好,说明孩子上课学习的状态很好。孩子的课堂作业完成不好,说明孩子上课学习的状态可能一般。造成这个现象的原因可能是,孩子出现了某些问题或者遇到了一些事。家长可以进而分析一下,疏导一下孩子。记住,孩子在任何时候,都需要关心和关注。

最后，家长可以问班主任自家孩子作业中的错误率高不高。作业可以反映出孩子对知识的掌握程度，作业中出现太多错误，就说明孩子对这一知识点掌握得还不够。这个时候就是对孩子不懂的知识点进行补救的好时机。还有，出现错误就需要改正，那我家孩子是如何改正的呢？是真的理解后独立改正的？还是"借鉴"别人改正的？

说到这里，我想起了小时候的一件糗事：我上小学时，我妈妈是我的班主任。当时，她教大家用算盘计算，而我的这个知识点学得很不好。我担心妈妈知道后会责怪我；也担心她会在放学后占用时间让我多加练习，这样我玩耍的时间就少了；我更担心让身为老师的她感到羞愧和失望。于是，那段时间，我每天的计算作业都是抄别人的。后来小测试时，我考得很不好，但我以为可以蒙混过关。直到有一天放学后，我以为妈妈已经下班回家了，我就把同学的作业借过来开始抄写。过了一会儿，同学站在一边哈哈大笑，我纳闷地朝她一看，顺着她的眼神又一瞥，竟然看见了窗户边妈妈那双愤怒的眼睛。

我的结果自然不用说。我主要是想告诉所有家长，孩子有时候会把自己的"小聪明"用在学习中。家长应该和班主任多沟通，多观察孩子的变化，才能第一时间发现孩子的问题，并给予正确的引导。

孩子学习的道路好像天气一样千变万化，家长一定要重视起来，多去了解自己的孩子，多和班主任了解自己的孩子。最后，希望每位家长都可以心想事成！

第6节 如何告诉班主任
"请给孩子调一下座位"？

协调永不嫌多。 ——克斯

"调座位"的三种常见情况

"调座位"可能是家长和班主任沟通中最寻常的话题。每个家长都希望孩子能坐到"黄金座位"。为了使家长和孩子内心均衡，班主任会不定时调换全班学生的座位。有的班主任可能两周调一次，有的班主任可能一个月调换一次。不过，班级是个大环境，面对那么多的学生，班主任根本不可能关注到每个孩子的特殊想法和情况。这时，就需要家长及时和班主任沟通。

从一般家长的需求来看，常常出现以下三种调换的方式：

第一种，关于座位方位的调换。一般调整座位的方位说的是前后调换和左右调换。有这种需求的孩子，其身体上可能有一些特殊情况，如斜视、弱视等。那么，家长向老师提出这样的要求非常合理，在沟通时一定要说明孩子调换座位的原因。还有一部分家长，总觉得孩子座位太靠后或者太靠边，他们认为孩子学习离老师越近就越好。在这里我要明确一点：座位并不是越靠前越好，可以先问孩子，他认为的理想座位是哪里，然后再和班主任沟通。还有一点是班级座位存在一定的盲区，就好比开的车越高，司机越不好看清车头周边的情况。而老师站在课堂上讲课时，目光面向的是所有同学，离老师越近的座位就属于盲区。所以各位家长，调换座位可不能只按自己的想法盲目提要求。

第二种，关于同桌的调换。老话说得好：物以类聚，人以群分。能相处融洽、互相学习的同桌，绝对是孩子学习路上的助推剂。假如你家孩子和他的同桌完全合不来，经常发生矛盾，还经常影响孩子听课，那么势必对孩子的学习造成消极影响。如果你家孩子和同桌相处得很好，他们经常一起完成作业和课堂任务，能给予对方很高的认可和评价，同桌还会在孩子心情低落时提供很有帮助的情绪价值，那么你家孩子在学习上绝对是积极、努力的。所以，找一个合适的好同桌对孩子很关键。

第三种，以提升学习为目的的调换。有时，班主任调换座位后，孩子受到周边环境的影响，学习态度不再像以前一样。像我在当班主任时，有一次调换座位，让学习积极主动的学生身边都配一名学习态度不够积极的学生。我的本意是希望优秀的学生成为同桌的榜样，以感染和鼓励那些学习不积极的学生。可调换座位没多久后，一位家长找到我，说他家孩子写作业很不认真，总想偷懒或少写，作业上的错误也越来越多。所以这位家长想给孩子换个座位，提升一下孩子的学习。于是，我答应了这名家长的请求，没多久，这个孩子的学习状态果然又回来了。

班主任要管理的学生很多，有时他并不能及时发现孩子的许多变化。当家长看到孩子的变化后，就应当、也必须第一时间反映给老师。本着为了让孩子更好地学习的目的，再合理地请求老师给孩子调换座位，那么这场沟通就会很顺利。

如何提出请求及常用话术

现在已经知道了座位怎么调换比较合适，那么家长该如何向班主任提出请求呢？

首先，家长要怀着感恩的心和班主任沟通。沟通开始时，家长可以先切入一些感恩的话。不管孩子现下的座位是否合适，家长都要感恩老师长期以来对孩子的付出和教导。这是对老师的认可，也是为了方便插入接下来的话题。但是要注意，感恩的话要点到为止，切忌长篇大论而忘了沟通的目的。况且说多了反而显得不那么真诚，会引起老师的反感心理。

其次，进入正题，说明孩子调整座位的原因。家长在陈述原因时，一定是真实的、贴合孩子情况的。比如，孩子的个子太矮，孩子的眼睛斜视，或孩子最近退步不少。家长一定要明白的是，调换座位是你自己孩子的原因造成的，并不是其他学生造成的。所以在沟通中，不能把很多不好的问题推到其他同学身上。说白了，我们不能抬高自己的孩子而贬损别人的孩子。

再次，就是利他行为，家长可以告诉班主任，孩子很想成为老师的小助手。这一点家长要明白小助手可以做的事情，如帮老师发试卷，帮老师整理作业，帮老师擦黑板等。如果你的孩子没有任何问题，只是单纯地想要坐得离老师近一点儿，以便更认真努力地听讲，提升自己的学习，那么，家长完全可以用这一点和班主任沟通。但是在沟通中，一定要明确地告诉老师，调换座位后孩子一定会认真听课，提高自己。

最后，我要跟大家分享几套家长和班主任沟通时的常用话术。

话术1：老师，您好！我是×××的妈妈。我家孩子最近学习时有些消极，也不主动完成家庭作业。我一问才知道孩子看黑板时总是看不清内容，所以有些知识点他掌握得不好。我打算抽时间带他去检查一下眼睛。眼下您可以先给孩子调一下座位吗？

话术 2：老师，您好！我是 ××× 的妈妈。这次考试成绩出来了，孩子能考出这样的成绩，真的很感谢您平日的付出。特别是孩子的数学成绩真不错，不过语文成绩还需要努力提升。您看能不能找个和他互补的孩子坐一起，让两个孩子一起进步？

话术 3：老师，您好！我是 ××× 的妈妈。孩子调座位也有一段时间了，他一直坐在后面。孩子说很想帮您收作业、整理讲台，您能不能给他座位向前调一调？让他帮您分担一下，也让他多接触一下同学们。

调座位虽然很常见、很合理，但也不能经常随意地要求更换孩子的座位。毕竟班主任不仅是你家孩子的老师，也是其他学生的老师，他所做的决定是从整个集体出发的，所以要学会有技巧地请求班主任。

第7节　如何告诉班主任
"请多加关照×××"？

每个家长都希望自己的孩子可以得到班主任额外的关照。家长的这种心情是可以理解的。但是仔细想想，班主任管理着一个大群体，平时那么忙碌，还要他对某个人多加关照，该如何沟通这一点呢？

首先，家长可以换种说法请求班主任：老师，您能在课堂上多提问我家孩子，让他多参与回答问题吗？这种问法看似没有提到"关照"孩子的话题，但是让老师多提问孩子，就是间接地让老师多注意到孩子，看看他在干什么，多了解孩子的想法和个性。这难道不就是一种关照吗？

不过，在沟通这一点时，家长要适当地将孩子的一些背景和信息告诉老师。可以向老师介绍孩子的一些特点，如性格、兴趣、特长以及孩子的生活表现等情况。这样有助于老师更好地了解孩子，并根据孩子的特点，在课堂上给予针对性的指导和关注。我举例说明一下：聪聪的阅读能力很强，但是作文写得不好。妈妈希望老师可以多关注一下聪聪，但并没有告诉老师聪聪的具体情况。一次，老师在作文课上一直提问聪聪，可聪聪很多问题回答不上来，最后也没有写出好作文。从此之后，老师好像又"看不到"聪聪了，而聪聪更害怕上作文课了。

妈妈让老师多关照聪聪的本意是好的，老师提问聪聪的出发点也是好的，可造成的结果却很不理想。如果当时妈妈可以将聪聪更多的信息分享给老师，那么老师就会有针对性地提问聪聪，相信大家都不会走进"死胡同"。

在分享孩子的信息时，家长可以和老师多分享孩子进步的方面。比如孩子在某个方面的天赋、得到过的奖项等。这样一来，一方面，可以激发老师对孩子的兴趣和关注，从而促使老师在教育过程中给孩子更多的鼓励和回应；另一方面，在老师关注孩子的过程中，如果孩子出现一些不好的情况，而这些天赋等可以获取老师更多的理解。

其次，家长可以告诉班主任：老师，我家孩子真的很崇拜您。这可不是让家长去奉承老师。而是让老师知道，自己是被认可、被喜欢、受欢迎的。相信没有老师不希望自己成为受欢迎的老师。说的时候可不能只说一下就结束了，而是可以添加一些小事例，让孩子的崇拜变得更加真实。比如：老师，我家孩子完全迷上您了。每天放学回来，孩子都会告诉我，我们老师给我们讲了什么，是怎么讲的。有时候我和他爸爸做了一些不对的事，孩子会第一时间制止我们，并义正词严地说：我们老师说过，这样做是不对的。您简直就是他的偶像。

家长说完这些轻松的话题后，和老师的沟通也会变得很轻松。而且老师会感到很幸福，因为孩子的喜欢而幸福。相信这样说过之后，老师会不自觉地关注到孩子的很多方面。

最后，如果孩子有特殊情况或需求，家长一定要及时告知老师。比如孩子身体有一些特殊的疾病需要格外关注，这是为了孩子的健康着想，家长可以和班主任开门见山地说。

还有一些情绪容易波动的孩子或行为控制不好的孩子，也需要老师格外关注。我家孩子的班里就发生过这样一件事：刚开学时，他班里有位同学格外活跃，上课时经常做一些奇怪的动作，老师刚开始以为这名同学只是有点儿不好管理，所以对他的要求很严格。可越是这样，这名学生就越无法控制自己的行为，偷偷啃铅笔和橡皮，还会把课本撕掉，以及经常和别的同学发脾气，有一次还把书桌推倒了。这时班主任才意识到这名学生可能有一些问题，和他的家长沟通后才知道，孩子很小的时候就患了"多动症"，他根本控制不住自己，虽然得到了治疗，但效果时好时坏。

像以上这种情况，家长就应该第一时间告知班主任。这样可以使班主任第一时间留意到孩子的变化，从而尽量安抚孩子的情绪，不和其他同学起争执，不彼此伤害。

那么，家长提出请求后就结束了吗？当然不是，家长还应适当地和老师继续保持沟通，并向老师传达：孩子自从被关照后，变化特别大，学习也提升了，态度也积极了。这是在告诉老师，您的关照起作用了，没有白费功夫。在说的时候，可以插入孩子变化的小片段，真实地说明。这是对老师付出的肯定和鼓励。相信老师听完后，心里会对孩子的印象更加深刻，从此对他关照得更多。

所以说，说话是一门艺术，也是一门技术。说得好、会说话的人就会把事情处理得十分圆满。不过有一点要注意，就是在和班主任沟通的过程中，要避免过于夸大或片面地描述孩子的情况。家长应该真实、客观地反映孩子的情况，这样才可以帮助老师更真实地了解孩子，从而给予孩子正确的、适当的指导和关注。同时，家长也要尊重老师、配合老师，并积极地回应老师。在说话时，一定要注意用词和语气，态度一定要诚恳真挚。要明白，关照是一种请求，而不是一种命令。

首先，要和班主任建立好关系，这是请求孩子得到更多关照的先决条件。人和人之间最好的交往就是尊重对方。假如家长一直不尊重老师，不配合老师的工作，反过来当你有需求时，老师为什么要尊重你的想法呢？尊重表现在家长尊重老师的教育方式、专业知识、沟通态度和处理意见等。当你能做到这些时，说明你确实很尊重老师。

但是，尊重并不是一味地奉承，家长在尊重老师的前提下，可以提出自己合理的意见，这就需要积极、及时地和老师沟通。沟通什么呢？除了沟通孩子的学习，还可以分享孩子的兴趣、特长及日常生活或学习中的趣事。分享这些很有必要，可以让老师更加了解孩子，能更多地看见孩子。

其次，在沟通中明确提出请求。不过在提出请求时一定要注意用词和语气。请求就是拜托他人，所以语气要诚恳一点儿，也要怀着感激的心情去说。而且，家长要注意最好不要在公共场合，当着学生们的面或者别的家长的面和班主任提这种请求。要选一个合适的时间和安静的场合，以免给老师造成不便，使沟通无法达到理想的效果。

还有就是当家长提出请求后，班主任很可能会和你聊一下孩子的学情，也会说出他的想法和建议，这个时候一定要耐心听老师讲完，并积极配合老师的意见。

班主任也是一个人，他也有自己的家庭。大多时候，班主任十分理解家长提出这种请求的心情。所以，别慌张，别担忧，大大方方地去说就行了。

第8节　怎么向班主任提出让孩子当班干部的请求？

> 沟通是一切成功的基础。　　　　　——彼得·德鲁克

当班干部的好处

班干部是一个班级中的"主心骨"，他们不仅在老师的日常教学中帮助老师管理班级，还要为同学们提供许多服务。可以说，老师的教学工作依赖于班干部，同学们的课堂学习也依赖于班干部。这就决定了当班干部的孩子能力出众，人缘不错，学习也能追上进度。而且，班干部是一种责任，它会间接地约束孩子，使孩子许多方面都能得到锻炼。

比如，班长不仅要维持班级纪律和秩序，还要帮老师发放课堂作业，领读课本知识点，向同学们传达老师的信息等。当班长的孩子在处理这些事情时，不仅会提升他自身与人交际的能力，还会提升他的办事效率，更重要的是会增强孩子的自信心。

又如，语文课代表主要帮助语文老师管理课堂秩序，整理语文资料，辅助老师收发同学们的语文作业，同学们不懂的知识点也可以请语

文课代表讲解等。我曾听过有家长反映自己的孩子在当语文课代表后，变得懂事有担当，语文成绩也提高了不少。

这就是很多家长希望自己的孩子可以当班干部的原因。

但是针对现下的教育模式来看，班干部一般会由班主任任命，或者公平竞争，再或者定期轮番调整。当家长十分认可自家孩子的能力，很想让他担任班干部时，完全可以向班主任提出请求。

关于孩子当"班干部"的一些注意事项

这种请求虽然很积极，但在和班主任沟通时，我们仍要注意以下几点：

首先，从认识层面出发，家长要对班级的日常工作和班干部的职责有明确的了解。人与人正常沟通中，当你提出相关请求时，就应该是对这一方面了解清楚后，进而提出的。用最生活化的例子来说：当你想要选购某一商品时，一定是了解过这件商品并认可这件商品后才购买的。家长也是对班干部岗位职责和相关的班级工作进行过了解后，才会向班主任提出想让孩子去当班干部的请求。

家长作为家庭教育的主力，要配合老师的日常教学工作。假如家长对班干部相关内容认识比较片面，那么就会影响孩子担任职务后职责的履行和开展。也可能出现不配合老师工作的情况。比如，凡事都有利有弊，有些家长可能只认为，孩子当班干部可以得到老师更多的关注，好提升自家孩子的学习能力。那么在家长的引导下，孩子当班干部后很可能过于注重自己，忽视集体，从而不能好好配合老师的教学工作。所以，家长一定要了解清楚后，再客观地、正确地和班主任沟通此事。

然而，家长又不是班级的成员，怎么才能更好地了解呢？

第一，家长可以多询问孩子班级里的近况和班干部的日常。既然孩子要当班干部，那么多从孩子的角度去了解非常有必要。了解时，家长可以反问孩子：如果你当班干部了，你会怎么做？这样也可以问出孩子的想法和见识。如果孩子的想法很好，家长和老师沟通时，完全可以把这些分享给老师，也更能得到老师的认可。而且家长向孩子打听的过程，可以增进亲子关系，简直一举两得。

第二，家长可以多和其他家长沟通。孩子一个人的想法有时可能不够全面，家长可以从其他家长的角度去了解，再进行综合判断。这就需要家长在接送孩子时或其他时机，多和别的家长聊聊天儿、说说话。

第三，家长也是上过学的，可以回想一下自己当时的班级情况。

想要更好地了解莫过于"身临其境"，家长的上学时期虽然比较久远，与现在的教学模式和观念也会出现代沟，但本质上的一些东西是不会变的。所以，这种回忆很有必要。

有的家长可能会说：提请求就提请求，为什么还要这么麻烦呢？这样做的最大意义在于，家长和班主任沟通时，可以让班主任明确地感受到：我和孩子非常关心班级，也非常想配合老师的工作。试问，一位连班级生活和日常情况都不了解的家长，如何能让班主任觉得你的孩子可以胜任班干部的工作呢？

其次，从行动方面出发，家长可以向班主任介绍孩子的特点和能力。班主任为什么要答应孩子当班干部的请求呢？最重要的就是孩子的能力和某些特点，使他可以胜任这项工作。这时就需要家长将孩子的优点介绍给班主任。比如，你想要孩子当班长，那你就要告诉班主任：我家孩子人缘特别好，小区里的孩子都喜欢和他玩，也喜欢和他说一些"心里话"。有时候其他孩子作业不会写时，他们都主动来问我家孩子。我家孩子就是小区里的"孩子王"。这样的介绍可以让班主任知道，你家孩子人际关系处理得很好，也能收获其他孩子的信任，学习上还能征服其他孩子。这不正是班长需要具备的一些条件吗？

又如，你家孩子想当文娱委员。那你就要告诉班主任：我家孩子从3岁开始学舞蹈，刚开始什么都不会，可她太喜欢跳舞了，压腿、下腰那么疼的动作，她硬是咬着牙练了无数遍。到今天她学了整整6年的舞蹈，经常代表她们舞蹈队参加比赛，得过很多奖。在练舞的过程中，舞蹈老师感觉她声音很好听，节奏感也很不错，就建议她又学了唱歌。这样介绍后，班主任就知道原来你家孩子能歌善舞，而且还特别能吃苦，孩子当文娱委员的概率也就高了很多。

所以，家长在和班主任提出请求后，一定要把孩子可以胜任这个职务的行动力展现出来。

最后，了解在班主任心中自家孩子是什么样的。当然，结果总有不尽如人意的时候，有成功就会有失败。这一点是基于孩子最后没有胜任班干部而说的。没有胜任就意味着你家孩子在班主任心中可能还存在某些不足。这时，家长就需要了解清楚孩子的不足之处。家长要鼓励孩子，告诉他需要改进的地方，相信下一次一定会成功的。

家长千万不能因为一时的失败而责怪孩子，放弃孩子以后当班干部的机会。要明白：成功和失败都是孩子成长中必须经历的。所以，当被老师拒绝后，家长一定要及时问清楚原因。

其中特别注意的是，请求就意味着沟通中，家长的语气不能趾高气扬，也不可以在沟通中表现得过于着急。班主任的工作是针对一群孩子，他要做到合理合适、公平公正。所以，班主任会有自己的衡量，不管最后结果如何，家长都应该放平心态，坦然对待。

第四章

面对意外发生，该如何沟通？

第1节　孩子之间出现矛盾，该怎么办？

> 成功的家教造就成功的孩子，失败的家教造就失败的孩子。
>
> ——泰曼·约翰逊

先让孩子去解决面对

集体生活就意味着孩子会与不同个性的孩子交往，也就意味着孩子与孩子交往时会发生矛盾和争执。针对这一点，家长也会纠结，看着孩子委屈又吃亏的表情，是该先平复孩子的心情呢？还是先去帮孩子解决矛盾呢？

有心理学家曾指出：如果孩子在学校与同伴发生冲突后处理不当，或丧失了原来良好的同伴关系，他会对校园生活产生忧虑和恐惧。所以，家长们首先要关注的是孩子的心情。

由此看来，当你第一时间得知孩子的不愉快遭遇后，一定要先安慰孩子，平复他的心情，然后再用平和的态度帮孩子处理矛盾。具体做法分为以下三点：

第一，先倾听，平复孩子的情绪。

正常情况下，孩子发生矛盾，受了委屈后，一定会立刻告诉自己的家长或者老师。因为家长和老师对于孩子来说，是最坚实的依靠。但是有些孩子出于对老师的敬畏或者害怕老师对自己印象不好等而选择不告诉老师，会先告诉自己的家长。许多家长一看到孩子可怜的模样，就容易着急上火，急着问责对方。但仔细想一想，孩子之间起争执不是很正常的现象吗？哪个孩子在成长路上不会与人起争执呢？

所以，家长一定要耐心听孩子把争执的过程讲清楚，在倾听的过程中，家长一定要控制好自己的情绪。有时候孩子起争执的原因很小，却容易被家长情绪化后变成大问题。这等于让矛盾扩大化，让问题复杂化了。最后极有可能演变成家长之间的矛盾，而不是孩子之间的小争执。

然后等孩子讲完了事件的过程后，先去安慰孩子，让孩子内心平静下来。不管在任何情况下，先不要立刻下判断去责怪孩子，这只会加重孩子面对矛盾时的心理负担。

第二，站在孩子的角度去思考问题。

为什么要去换位思考？是为了共情孩子的感受，也为了锻炼孩子独立解决矛盾的能力。这里所说的站在孩子的角度，分别是站在自家孩子的角度去思考，和站在对方孩子的角度去思考。

先拿站在自家孩子的角度来说。家长可以想一想，如果我刚刚发生了那种不愉快的事，我该怎么做？从而找出解决问题的好办法，但一定不要直接告诉孩子。家长要再思考，按我家孩子的个性与能力，为什么他刚才没想到这种办法？从而找出孩子解决问题的不足之处。此时就可以把刚才想到的好办法引导给孩子，让他尝试去处理这件事。

再拿站在对方孩子的角度去思考来说。发生了争执，不管谁对谁错，双方都要负一定的责任。所以，有时候家长不能单听自家孩子的一面之词。家长也应该去理解对方孩子的想法和感受，找到自家孩子起争执时做得不对的地方。然后引导孩子学会理解别人、尊重别人，从而把矛盾最小化。

第三，引导孩子找出办法，面对问题。

到这一步时，肯定有许多家长心里已经有了"大主意"，并且很想跃跃欲试帮孩子解决。如果是这样，请一定要努力压制你的内心。因为家长要引导孩子用他认为的好办法去处理问题。我们经常说：吃一堑长一智。孩子总要长大，不可能一直躲在家长的臂膀下。只有让孩子学会独立解决矛盾，才能让他真正成长，他才有勇气面对更多的矛盾。

再向班主任寻求帮助

此时，如果你家孩子的矛盾还没能得到解决，那就说明对于孩子们来说，这次的问题可能有点儿严重了。这时家长就要和班主任沟通一下如何处理这件事。不过沟通时，家长要注意以下几个方面：

其一，先向班主任说明矛盾，听一下班主任的看法。

处理孩子们之间的矛盾时，家长多多少少肯定会袒护自己孩子一点儿。可班主任不一样，班主任是公平、公正、理智的中间人。所以，家长在和班主任沟通时，将情况说明后，一定要听一听班主任站在他的角度，是如何看待这件事情的。而且，家长不要一味地要求班主任帮自己的孩子"报仇"。重点是家长要和班主任一起找到合适的解决办法，帮孩子除去眼下的苦恼，并且能使他吸取教训。所以，沟通过程中，无论班主任的处理结果对自家孩子是好是坏，家长都要保持理智、平等、尊重的态度去沟通。

其二，告诉班主任孩子的态度和想法。

家长在和班主任沟通前，应该征询一下孩子的意见和想法，等沟通时再传递给老师。这样也能使班主任在处理矛盾时可以考虑到孩子的态度、情绪等，使孩子更能接受最后的处理意见。

其三，开导孩子坦然接受处理的结果，宽容对方的做法。

孩子有争执时，可能对于家长来说，自家孩子就是受委屈、没有过错的一方。这是因为家长太爱孩子，有些当局者迷了。所以，一旦自家孩子成为过错的一方，家长一定要认清事实，调整好自己的心态。因为当务之急就是要开导孩子，告诉他老师为什么这样处理、你错在哪里。让孩子学会坦然接受，并且也要让孩子学会宽容对待。这样才不会对孩子以后的学习和成长带来过多影响。

最后，希望以上这些建议能帮助到很多家长。更希望孩子们永远无争执、无矛盾，所有的家长都用不到这些建议。

第2节 孩子之间出现矛盾，
如何和对方家长沟通？

> 要教育好孩子，就要不断提高教育技巧。要提高教育技巧，那么就需要家长付出个人的努力，不断进修自己。
>
> ——苏霍姆林斯基

来去匆匆的小矛盾

我家小孩儿今年 6 岁了，他最常一起玩耍的小伙伴是邻居家的小孩儿。他家小孩儿比我家大半岁。每次一块儿玩耍时，刚开始都无比高兴和激动，中途开始有些小争小吵，最后开始互不相让，抢夺对方玩具，甚至大打出手。可等到第二天，两个小孩儿又会迫不及待地和彼此玩耍。他们两个每天重复的过程都是一样的。明明当时被气得发誓再也不和他玩了，但第二天好像什么都没发生过一样。

这就是孩子之间矛盾的特点：来也匆匆，去也匆匆。有时候有些矛盾其实并不算真正的矛盾，就是孩子之间在较劲，谁也不服气而造成的。甚至有时，大人还没有孩子表现得和气，看见自己孩子受委屈后，许多家长被气得不得了，很想和人理论一番，可转眼孩子又跟人家一起玩去了。

对此，我建议家长一定要调整自己的心态，从容、淡定地看待孩子间的小矛盾。如果孩子无处宣泄，想让你帮他处理这些小矛盾，那么，你就要秉着"大事化小，小事化了"的观点，先去开导孩子。让孩子学会接受和谅解，你家孩子不再计较了，矛盾不就解决了吗？这也是解决矛盾的一种方法，从自家孩子入手，将矛盾化解。

无法调解的大问题

以上这一点是针对孩子之间的一些小打小闹来说的。还有一点就是孩子发生了自己无法调解的矛盾，这时就需要借助家长或老师的力量去解决。其实，解决矛盾真的不需要太多人。有时候，人越多越会激化矛盾。我曾看过这样一则消息：一对家长因为孩子在学校把同学打伤了，本来是想当着老师的面，去和对方家长协商一下怎么处理的。可爸爸妈妈因为工作太忙，就让爷爷奶奶出面去学校处理这件事情。谁知道，老人爱孙心切，协商时一直过于偏袒自己的孙子，话语中还有点儿嘲笑人家孩子连架都不会打。原本很轻松就可以协商的事，最后闹得不欢而散，对方家长也不再出面协商，要直接走法律途径。

所以，解决矛盾并不是靠人数定夺的，一个人能解决的事情就绝不惊动第二个人。因此，当孩子希望家长出面解决矛盾时，家长可以先尝试和对方家长积极沟通。不过在沟通时，双方家长大多数情况下可能出现袒护自家孩子的情况。所以，一定要注意沟通的态度。无论当时的心情是多么愤怒，在决定沟通的那一刻，都要坚信"有话好好说"。不好的情绪是在激化矛盾，绝不是解决问题。

最好的情况就是，家长等自己和孩子的心情完全平复后，这也相当于让对方家长平复心情，然后再去好好沟通。

还有一点，在沟通时一定要说明情况，摆清事实，有理有据地和对方沟通。但是光听自家孩子的一面之词是不够的，还要听一听对方家长描述的情况是否和自己了解的一致。千万不能各自凭着各自听到的，各抒己见。如果双方家长描述的情况是一致的，那么自然好商量。反之，当双方家长陈述的事实有差异时，就好好找到这些差异究竟是哪里的问题，那么所有矛盾自然也就清晰了。

当双方家长看清矛盾本身之后，就该认清双方需要承担什么责任、承认什么过错了。基于这一点，家长在沟通时，一定要用长远的目光审视当下的问题。从孩子的长远发展来看，当下所出现的任何问题都不算大问题，都是可以沟通解决的。而且，如果孩子确实有过错，那么就必须学会承担相应的责任，这才是对孩子成长有利的做法。

要尊重班主任的调解

如果双方家长之间不能进行和谐的沟通，那就需要班主任这个中间人在场。班主任和双方家长沟通，与班主任给孩子处理意见完全不同。后者是没有家长干预，孩子之间的矛盾直接被班主任介入并给予一定的处理，这种情况是既省心又省事的。

前者是班主任在双方家长之间充当中间人，也就是我们日常说的"和事佬"，班主任此时不能决定任何处理意见，只能不断调和双方家长的冲突，将矛盾降到最小化，使双方达成协商。这种情况估计很多家长不想经历。

所以，当班主任介入时，家长也要认真听取班主任的综合意见。班主任是一个班级教学工作的开展者，他是最希望班级里的学生和平共处、共同学习成长的。所以，很多时候，班主任会站在整个集体的角度看待孩子间的矛盾。相信很多家长解决矛盾的初衷是为了孩子更好地学习。俗话说得好：退一步海阔天空。因此，当班主任给出一定的建议时，家长一定要认真考虑，学会接纳，千万不能在孩子的矛盾上浪费太多精力。

要知道：万事以和为贵。孩子健康快乐地学习才是最重要的。

第3节　沟通问题时，孩子需要在场吗？

> 懂得尊重自己的人，也会懂得尊重别人，这包括尊重自己的孩子在内。
>
> ——顾振飚

说到沟通，参与者是家长和班主任，但沟通的主体其实是孩子。讲到这里，前面已经述及，家长和班主任的沟通可以先告诉孩子，或先征询一下孩子的意见。那么沟通时，到底需不需要孩子在场？答案毋庸置疑是两种，在场和不在场。今天分别讲一下，孩子在场和不在场时，与班主任沟通的不同方式。

当孩子在场时，该如何沟通？

家长都有一个共同点，那就是习惯当着自家孩子的面，美化别人家的孩子，以此刺激自家孩子达到某一状态。拿我小时候的事来说：当我妈妈希望我做某件事而我做得不好，或者由于叛逆心理不想做时，我的妈妈就会羡慕地说起别人家的孩子，甚至会将别人家的孩子进行夸张地美化。而我只能低着头生闷气。这就是我在多年之后，一直觉得自己不如别人的原因。

当然，以前的家长可以解释说，我们那时没读过书，没啥文化，不太会教育孩子。可现在的家长，在开放的文明社会里，拥有一定的文化水平，在教育孩子方面已经进步很多。当代家长不仅重视孩子的文化学习，也对孩子的人格培养和道德教育十分注重。这就要求家长在言行上规范自我，因为家长是孩子的第一任老师，对孩子的影响较大。

为了让孩子能保持积极乐观的学习状态，家长和班主任沟通时，一定要对自己的孩子给予信任与赞许。你可以说：我家孩子哪方面还做得不好，还需要进步？但是你不能说：人家孩子这方面就做得很好，我家孩子就不行。这种比较式的评价可能会刺激到孩子，让其在某一时间做成某些事，但有些时候也会给孩子埋下深深的自卑感。孩子都是需要面子的，他们很希望得到老师的肯定和认可。所以，当孩子在场时，家长和老师的沟通有一说一，有二说二，这些都是按实际情况说的，绝对不要拿自家孩子和别人的孩子对比。

家长和班主任的沟通，孩子既是听众更是参与者。那就不能忽视孩子自顾自地和班主任沟通。要让孩子参与沟通，有一定的话语权。比如，当家长或老师抛出一个问题时，可以先把问题转接给孩子，让他先来说说自己的看法和观点。这样家长和班主任也能在孩子的观点和看法上，各抒己见，达成共识。有时候，孩子的想法可能比较单纯，在表达观点时，也会显得有点儿幼稚或幽默。即便如此也不能因此而否定孩子参与的价值，就算孩子所说的观点不被采用，他幽默的想法起码活跃了沟通的气氛。孩子也能感受到应有的尊重和重要性。

当孩子不在场时，该如何沟通？

有很大一部分家长和班主任沟通时，并不希望孩子在场。这类家长觉得，大人之间的话题，为免学习分心，孩子还是不要过多参与为好。

和老师沟通时，很多话题确实是围绕孩子展开的，如果真的当着孩子的面，也就说不彻底了，效果也不会很好。所以，针对这种情况，家长完全可以和班主任沟通后，有了定论和合适的建议或观点，再讲给孩子听，引导孩子接受并改变。

很多时候，孩子并不愿意在场，去直面家长和班主任的沟通。他们有时过于胆怯，不敢在现场回应家长或班主任；有时过于害怕，担心家长和班主任沟通的内容是自己不喜欢的。

在我上小学五年级时，前桌的女同学梳了一个很漂亮的辫子。这天的语文课上，短发的我看着女同学的辫子出神，老师的话不仅没听进去，还忍不住伸手去摸女同学的辫子。这一摸不要紧，手里的圆珠笔不小心扯到了辫子，让女同学疼得直叫，一瞬间全班同学都朝我看了过来。一堂好好的语文课就这样被我毁了。事后，语文老师和同为老师的妈妈聊天儿。当时我已经料定他们一定会说到这件事，但是我出于愧疚的心理，特别害怕亲耳听到语文老师的话。所以，那段时间，我只要看见妈妈和语文老师在一起，我就跑得远远的。直到有一天，妈妈跟我沟通这件事后，我才敢直面他们。

孩子面对家长和班主任沟通的心情是复杂的，有时候就算表现得很自然，但真实的内心也会掩藏起来。所以，孩子不想在场沟通时，一定不能勉强。而且针对孩子的问题，家长和老师在沟通时，可能会想出很多解决的好办法。这些办法虽好，但并不会立竿见影，需要根据孩子的学习计划长期实行。比如，养成每天阅读30分钟的习惯，养成每天练习50道口算题的习惯等。那么，这些方法最好是家长在潜移默化中，慢慢用在孩子身上。如果当着孩子的面说出，就会显得过于功利性，也会增加孩子的反感。要知道，当未知变成已知，很多事情也就没有做下去的意义了。

第4节　家长有情绪时，
该如何和班主任沟通？

> 让尊重、理解、欣赏、感激、慈悲和友情，而非自私自利、贪婪、憎恨、怀疑和敌意，来主导生活。
>
> ——马歇尔·卢森堡

你能控制好自己的情绪吗？

在孩子的成长道路上，家长最容易产生两种情绪：积极的情绪和消极的情绪。积极情绪不用多说，是乐观向上的好情绪。用这种情绪和班主任沟通，肯定会很理想。而消极情绪却是沟通中的顶级杀手。

消极的情绪有很多种，如伤心、愤怒、焦虑、憎恨等。但在很多情况下，家长面对孩子的消极情绪经常表现为：愤怒。使家长产生愤怒的原因有很多种，不管是由何种原因造成的，情绪消极的家长，一定不能很好地控制自己的情绪。那么，和班主任沟通孩子的问题时，不稳定的情绪势必影响沟通的效果。

容易消极的人，有一个共同点：在沟通中，他们过于以自我为中心，忽视了他人的内心感受和情感需求，从而使沟通效果变得很糟糕。这种消极情绪，也就是我们现在常说的"情绪暴力"。而这种不好的沟通被称作"暴力沟通"。这种暴力是指语言暴力，并没有上升到肢体动作，可它带给孩子的影响却是一辈子的。绝大多数孩子最喜欢模仿家长的一言一行。一个家庭里，爸爸或妈妈脾气暴躁，容易愤怒时，和孩子的沟通也就充满了"暴力"，慢慢地，孩子受到影响也会控制不好自己的情绪。

如果让一个情绪不稳定、容易愤怒的家长去和班主任沟通，沟通的内容如果是该家长喜闻乐见的，结果可能会比较顺利。可大多数沟通是要帮孩子解决问题的，那么该家长在很大程度上会和老师发生争执。我们这样想一下，家长和老师争执后，孩子不用上学了吗？孩子不用面对老师了吗？孩子不用和同学们相处了吗？当然不是，家长和老师无论有再多的争执，孩子都要继续学习。那么，家长和老师的争执可能会给孩子带来伤害，让他不得不承受这些是非。

学会"非暴力"沟通

如果你是智慧型家长，那么在和班主任沟通孩子的任何问题时，一定是"非暴力"地沟通。

有的家长可能会说，人有情绪在所难免，控制不住怎么办？前面我们已经讲过了，家庭的组合形式有很多种，爸爸、妈妈和孩子，爷爷、奶奶、爸爸、妈妈和孩子等。完全可以找到情绪稳定、态度端正、可以好好沟通的家庭成员，让他去和老师沟通孩子的问题。

有的家长还会说，我家妈妈比较忙没时间，我的脾气不好，没有其他家庭成员了，怎么办？那就先不去沟通。没错，当需要和班主任沟通时，说明问题可能十分关键了。但沟通是为了解决麻烦，而不是制造麻烦。你完全可以向班主任说明自己的情况，等到自己心情平复时，或者妈妈有空时再去和班主任沟通。

还有些家长也很无奈，表示不是我要和班主任沟通，而是班主任必须和我沟通，可我情绪不稳定，该怎么办？那就多听、多赞成，少说、少发表意见。我们常说"祸从口出"，那既然少说话了，相信也不会出现什么祸事了。所以，家长要懂得先配合好老师，等心情平复后，再和老师多说说"心里话"。

在这里，我要分享几个比较好用的调节情绪的小方法：

1. 情绪消极时，先停下来，放慢自己的步伐，或者放空自己的大脑。去深呼吸，什么事情都别做。

2. 学会转移注意力，去想一想，让你愤怒的原因是什么。

3. 学会自我安慰，问问自己的内心，需要做些什么？该怎么做？

4. 换一个环境，听听音乐，去做一些自己喜欢的事情，或者干脆直接睡一觉。

5. 学会运动调节，或者来一场体力劳动，耗空自己。

或者情绪不好的家长可以直接一点儿，干脆不和老师面对面沟通，用微信和语音代替。总之，"非暴力"沟通的办法是多种多样的。而且，我要提醒各位家长，不管沟通结果如何，都要时刻感激老师，向老师致谢，这可是沟通的一个小法宝。比如，你现在情绪有些不稳定，和老师沟通时说话没控制住，语气可能有点儿冲。那么在沟通结束时，对老师说一句："老师，您对孩子这么关注，真的太感谢您了。"相信老师的心会被你这句"感谢"温暖到，那么这场生硬的沟通也会变得柔软起来。

其实，遇到孩子的问题，或者帮孩子解决矛盾时，家长产生愤怒的情绪十分正常。这恰恰说明你对孩子很在意。但是和班主任的沟通，却是十分忌讳这些消极情绪的。一切都是为了孩子，家长因此要学会忍耐，学会"非暴力"沟通。

第5节　可以让爷爷奶奶出面沟通吗？

> 老来受尊敬，是人类精神最美好的一种特权。　　——司汤达

"隔代教育"的优缺点

为什么要写这个话题？是因为现下很多家庭里，平时爸爸、妈妈忙于上班，都是爷爷、奶奶负责照顾孩子。有时候，相较于家长，孩子更依赖于爷爷、奶奶，而且老人对孩子的疼爱和关注并不比家长少。这就是我们常说的"隔代亲"。

隔代教育的缺点很多，但是也有一些不可否认的优点。比如：（1）相较于手忙脚乱的家长，老一辈抚养和教育孩子的实践经验更丰富。（2）老一辈有着丰富的人生阅历和感悟，可以满足孩子的很多情绪价值。（3）老一辈有更多的精力和耐心去陪伴孩子成长。（4）"天伦之乐"不仅可以呵护老人健康的心态，还可以让孩子的情感更加饱满。

既然有这么多好处，为什么许多家长对老一辈出面和老师沟通，依然会感到苦恼呢？因为，多数老人带孩子过于"护短"，这种行为让孩子变得没有规矩，十分骄纵。而且，老人的思想观念比较老旧传统，有时候他们在人前的态度过于强硬，十分不利于孩子的学习和成长。

那么，到底该不该让老一辈出面和班主任沟通呢？

其实，每个家庭的情况都是不同的，可以根据自己家庭的情况来决定。比如，父母忙的家庭，一般由老人照顾孩子，他们对孩子的了解程度要远远超过其他人。所以，孩子的问题在不算严重的情况下，可以由老人出面和班主任沟通。但是，如果孩子的问题比较严重，家长再忙也要亲自和班主任沟通。如果孩子一直由父母照顾，那么肯定是让家长去和班主任沟通比较好。

还有一点，父母要考虑到老人的身体状况。有的老人身体不好，没有精力去应付很多事情，如果再让老人去和班主任沟通，肯定达不到理想的沟通效果。但是有的老人心态好，身体素质佳，处理事情比孩子家长更有经验，更有方法。在这种情况下，老人是沟通的首选。

老一辈沟通的注意事项

既然老一辈可以和班主任沟通，那么在沟通时需要注意什么呢？

首先，尊重是一切沟通的先决条件。尊重不分年龄，不看性别，只看两人之间的言行是否得当。尊重是相互的，你尊重我，我才会尊重你。老人属于弱势群体，需要更多的尊重。班主任是崇高的老师，也需要更多的尊重。当老人和班主任面对面沟通时，双方更应该彼此尊重。所以，要注意说话的语气和态度，也要理解对方的用意。有时候，班主任比较年轻，交流的方式可能也比较新颖，而老人可能对新事物的理解比较有限。这个时候，老人可以向老师多问几遍了解清楚。不然，稀里糊涂的沟通等于白沟通。

其次，摆正心态，就事论事，不可倚老卖老。老年人因为年龄和身体的原因，存在脾气不稳定、说话有点儿难听的情况。所以，在沟通前，孩子父母一定要做好老人的思想工作，调整好老人的心态，再去和班主任沟通。孩子父母一定要告诉老人的是：你去是为孩子解决问题的，千万不能因为自己年纪大，就要让所有人对你都言听计从，做些倚老卖老的事情，这样对孩子肯定是有害无利的。老人都很疼爱孙辈，相信孩子父母提前提醒过老人后，他们为了孙辈，也不会做出特别出格的事情。

最后，任何问题要和家人协商好后再做决定。有的老人觉得既然让我出面和班主任沟通，那我就有权处理孩子的一切问题。是的，你有权。但是，和孩子父母商量过后的决定，相信对孩子的身心发展更有利。直白地说，老师都比较倾向于和孩子父母沟通。因此，老人可以将沟通的内容分享出来，征询一下孩子父母的想法，再综合决定。

现在看来，让老人和班主任沟通，不能一板拍死。那么，为了让老人更好地参与孩子的成长，孩子父母需要做到以下三点：

第一点，不论再忙，也要和老人定期沟通孩子的问题，让双方达成一致的目标。很多老人还是比较通情达理的，那些固执、暴躁的老人也不适合带孩子。因此，孩子父母一旦放心地把孩子交给老人带，就要定期和老人沟通一下孩子的近况，孩子的优点和缺点都要和老人讲清楚，孩子需要怎么教育和引导也可以和老人说明白。一切都是为了孩子，眼看你的要求是为了孩子着想，老人怎么可能和你对着干呢？所以，达成统一的"育娃标准"很有必要。

第二点，要求爷爷、奶奶不能过度宠溺孩子。确实，现实中很多老人很宠溺孙辈，恨不得天天"饭来张口，衣来伸手"。仔细想想，这对于老人来说，也是一种负担。一天24小时，像陀螺一样围着孩子转个不停，很多父母受不了，更别提老人了。如果孩子父母可以直接告诉爷爷、奶奶哪些该帮孩子做，哪些不该帮孩子做，不能一直满足孩子的任何需求，要让孩子学会独立自主。相信很多老人会喜闻乐见。

第三点，要求爷爷、奶奶不能过度掩饰孩子的错误。这一点很重要，很多时候，孩子喜欢用哭闹来掩饰自己的错误。老人一看到孩子哭了，就会着急各种哄，换着花样哄，而孩子犯的错也就看不到了。老人可能觉得：我这是太爱我的孙辈了。可真是如此吗？实际上，这种行为不仅会助长孩子变得骄纵野蛮，也会让孩子越来越有恃无恐，还会让孩子失去判断是与非的标准。

最后，我想反问一下孩子的父母们，你们会让老一辈出面和班主任沟通吗？你们有没有叮嘱过老一辈该如何和班主任沟通？你们有没有和老一辈交流过孩子的教育方式？

第6节　当不满意班主任的处理意见时，
　　　　　该怎么办？

> 如果你是对的，就要试着温和地、技巧地让对方同意你；如果你是错了，就要迅速而热诚地承认。这要比为自己争辩有效和有趣得多。
>
> ——卡耐基

不满意≠对着干

我们前面一直在讲积极沟通，以及怎么沟通才能达到理想的状态。在这里要现实一点儿告诉大家，家长和班主任不可能每一次都能做到完美沟通。完美沟通就说明，双方的想法、态度和目标是一致的。可如果双方出现不一样的心声，如家长不满意班主任对某件事的处理意见时，该怎么呢？

这里解释一下，不满意并不意味着"对着干"，或者是和老师"唱反调"。而是家长在尊重、配合老师工作的前提下，针对某件事，产生了不一样的想法。比如，孩子上六年级了，突然被老师任命为班长，这本来是班主任对孩子的一种认可，也是锻炼孩子的一次机会。但妈妈觉得眼下孩子的学习到了最关键的一年，而且孩子平时学习已经够累了，不希望他因为班长这一职务，让自己的身体吃不消。这里的妈妈明显不满意班主任的安排，但他们的本意都是为了孩子能够更好地成长和学习。

既然想法不一样，说明问题没有解决，就还需要和班主任进行沟通。可沟通问题并不是三言两语就可以结束的，是双方思想上的一次碰撞。所以，家长万万不能为了达成自己的目标而过于着急。

有的家长会觉得问题早晚都要解决，晚不如早，况且问题一直放在心里，吃不下，睡不着。看，这就是家长心态不好了。那么，此时更不能着急沟通了，否则你很容易把你的焦虑传递给班主任或者孩子。最后，问题不仅没得到解决，还可能出现新的问题。

学会换个角度开解自己

因此，当你感到困扰时，不妨先换个角度开解一下自己，待摆正自己的心态后，再想想接下来该怎么办。

首先，你可以和家人分享班主任的处理意见，从他们的角度看待问题。在这里，又要老话重提了，家庭教育的参与者不光只有爸爸和孩子，或者妈妈和孩子。当你不满意老师的做法，又无计可施时，可以先和其他家庭成员聊一聊，看看他们是怎么想的。比如孩子的爸爸、爷爷或奶奶等。人和人的个性不同，思考问题和处理问题的方式就会不同。有时，你看不到的地方，其他人可能会看到。这就是我们常说的"当局者迷，旁观者清"的道理。说白了，就是让家人开解一下迷惑的你。

或许和家人沟通之后，你就会突然觉得班主任这样做是有道理的。既然你都认可了，那问题也就解决了。可如果你的家人和你的想法一致，也不太认可班主任的做法时，你一定要学会冷静地控制局面。可以畅所欲言，但是不能出现"火上浇油"，让问题越烧越旺的情况。人最好不要带着情绪去处理问题，因为此时往往处理不好任何问题。

其次，可以询问孩子的想法，看看他会怎么做。如果和家人沟通没有什么收获，那作为当事人的孩子，也可以成为你倾诉的对象。孩子虽然还不成熟，但他也有对问题的看法和意见。你不妨先将班主任的做法告诉孩子，看看他的反应如何。如果孩子也难以接受，那说明班主任的做法已经对孩子的成长和学习产生了影响。你再和孩子讨论一下，怎么做才比较合适？然后再和班主任沟通。

如果孩子对班主任的做法没有太大的反应，完全可以接受，那你还在纠结什么？孩子都能接受这件事了，就说明班主任的做法是合适的，家长也该舒缓一下心情，调整一下心态，坦然接受。

最后，设身处地为班主任考虑一下，他这样做有何目的？在这里我要强调一下，家长和班主任代表的是两种环境里的思想。家长代表家庭，考虑问题会以个人或家庭为主。班主任代表一个集体，考虑问题会以整个团体为主。所以有时候，双方出现不同的想法也很正常。这时，家长先不要急于表达自己的意见，试着站在班主任的角度，重新审视一下问题的处理意见。当你能够理解班主任的做法时，可能就豁然开朗了。

如果你调整了心态，询问了他人的想法，还是无法和班主任的意见达成一致，那就需要和班主任再次甚至多次进行沟通。当再次沟通时，先不要急于否定老师的做法，而是讲清楚你或者家人、孩子的内心需求。然后等待班主任的反应，再去试着进行下一步沟通。

或者，你可以想到一个比较合理的解决方案，然后分享给班主任。

切记，你的方案一定能满足两点：一是满足班主任对班级的良好管理。二是满足自己或者家人、孩子的内心需求。而且，当你和班主任沟通时，不要一上来就直接分享你的方案，要先赞同班主任的做法，然后再引入你的方案。

而且我要特别提醒大家，不满意班主任的意见时，家长千万不能采取争吵、发飙、撒泼打滚等方式表达内心的不满。老师更喜欢和冷静、机敏、有素养的家长沟通。有时，家长采用不文明的方式看似赢了一般，实际上，或许为你家孩子今后的学习和成长埋下了定时炸弹。

还是那句老话，双方是在平等、尊重的基础上，为了孩子而努力。所以，不论结果如何，家长都要持着感恩的心去和班主任沟通。

第7节 和班主任沟通之后，
家长该做些什么？

> 行是知之始，知是行之成。
>
> ——陶行知

前面我们已经详细地讲过该如何与班主任沟通。现在要讲一下和班主任沟通后，家长该做些什么。很多问题并不是依赖于一次沟通就可以解决的。当然，孩子是沟通的主体，家长和班主任联系过后，肯定是要和孩子好好聊一聊的。但是，有的家长会发现，和孩子交流的效果并不好。其实一大部分原因在于，家长太过心急。老师刚把孩子的近况告知家长，家长就有一种急切改变孩子或解决问题的心理。过于急切，就会让人忽视解决问题的好方式。

没想到吧！原来你和孩子的无效沟通源于太着急了。所以，今天我就要和大家分享一下，家长和老师沟通后，需要做什么？怎么做比较好呢？

首先，家长要调整心态，冷静思考，学会反思。沟通中获得的信息很容易影响一个人的情绪。获得好信息时，内心高兴激动；获得不好的信息时，内心难过愤怒。家长和班主任的沟通也是如此。所以，无论沟通的情况是好是坏，心情是喜是悲，家长都应该在沟通结束后，先冷静下来。

冷静下来做什么呢？家长要先厘清老师传递的信息，然后想一想孩子近期的变化有哪些，以及这些变化是否符合老师说的情况。很多家长会因为一时的评价而盲目地跟风，认为自己的孩子确实是这样的。这种想法很可怕。孩子是你自己的，难道别人会比自己更了解他吗？当然，老师也是非常了解孩子的，所以，家长更应该冷静地思考一下，孩子真的就是这样的吗？是不是近期自己忽视了孩子，或者给他太大压力了，他才会有这样的变化？要知道影响孩子的因素实在太多了，家长一定要先学会反思。

其次，家长要观察孩子，寻找原因，再做判断。这一点是针对老师反映的情况，仔细观察一下孩子。这样做不仅仅是为了判断孩子的变化是否和老师说的保持一致，还要从观察中寻找原因。

朋友家孩子有一段时间在上课时看似在听课，可老师提问时却不知道讲的什么，老师说他的双手好像总在摸着什么，可等老师去查看时，发现书桌上除了文具和课本，也没别的什么东西。后来，孩子放学回家后，朋友并没有立刻询问孩子，而是让他跟以往一样先去写作业，然后朋友悄悄观察后，发现原来孩子在偷玩他的新文具盒。这个文具盒是爷爷奶奶送给他的生日礼物，外表看着很普通，可文具盒里面设计得很有意思，孩子因此才没有好好听课。

这不就找到了原因嘛！找到原因，也就证明了孩子确实像老师反映的一样，接下来就可以解决问题了。

再次，家长要学会和孩子聊天。解决问题的最好办法还是沟通，不是家长和班主任沟通，而是家长要和孩子沟通。在和孩子沟通时，家长可以开门见山，实话实说。有的家长喜欢"揪着孩子的小辫子"，语气趾高气扬，对孩子进行"审讯"。先不说这样聊天的结果怎样，光是这种态度就使孩子难以接受。这样一来，沟通能顺利吗？能有好的结果吗？孩子固然年龄小，但也需要平等对待。家长和孩子实话实说也能反映出孩子更真实的想法。

复次，家长要就事论事。有的家长在这个问题上，喜欢翻旧账。这种做法只会让孩子离你越来越远，也相当于再次用以前的事否定了孩子。这样只会把更多的负面情绪带给孩子。所以，问题一个一个地解决，解决过的就彻底翻篇了，千万不要总拿出来刺激孩子。要知道，眼下的问题才是最关键的。

在和孩子解决问题时，家长要特别注意，不能过于批评或表扬。孩子在学习和成长过程中出现的所有问题，都是其正常的变化过程。家长可以分析、引导、规劝并改正；也可以给予一定的赞许，如表扬；还可以给予部分的警醒，如批评。但是如果针对孩子某一阶段或某一问题过于表扬和批评，势必会让孩子产生骄傲自大或自我否定的心理。凡事点到为止，才是最好的沟通状态。

最后，和班主任保持沟通，反映孩子的变化。问题解决后并不是说就可以不用和班主任联系了。家长应该挑一个合适的时机，将一切告知给老师，并了解一下孩子有没有发生改变，家长需要再做些什么？这样做可以使老师知道，你很关心孩子，很配合老师的工作，老师也会更加关注孩子。而且，这也算是家长在老师面前，为孩子的一种间接解释。

一场沟通中，倾听、理解、尊重和建议，才是应有的态度与方式。对于孩子来说，这种沟通温暖而不失力量，柔软却不缺智慧。

第 五 章

如何化解不理想的沟通？

第1节　家长和班主任沟通失败时，该怎么办?

> 沟通失败往往源于对话中安全感的缺失。　——《关键对话》

为什么重要的沟通，更容易出错?

在养育孩子的道路上，家长与班主任之间的有效沟通就像是一座桥梁，将家庭和学校密切地连在了一起，为孩子的成长保驾护航。很多家长希望能和老师好好聊聊，以便共同呵护孩子成长。然而，要想实现有效沟通，并不是容易的事。要么觉得老师好像不太热情，要么聊了半天也没说到点子上，这都是沟通障碍惹的祸。

家长和班主任之间的沟通，核心目标其实很明确——助力孩子更好地成长与学习。然而，令人困惑的是，为什么在如此明确的目标引导下，两者的沟通却常常不顺畅呢? 问题究竟出在哪里呢?

教育理念和教育方法缺失：有些家长在教育孩子上缺乏明确的思路和方法，教育孩子全凭自身的感觉。这种放飞自我式的教育理念会导致在与班主任沟通时，难以提出具体的问题或有效的建议，沟通效率自然不高。

忽视孩子的闪光点：有的家长在和班主任沟通时，总是喜欢拿自家孩子的缺点作为切入点。然而他们却忘了人无完人，孩子怎么可能是完美的呢？可家长如果总是盯着孩子的不足，看不到他们的进步和优点，那么在和老师交流时，就很难有积极的互动。老师可能也期待听到一些正面的反馈，但得到的却是负面的情绪，这样怎么能建立起良好的沟通氛围呢？

沟通方式不对：沟通不是辩论，并非为了争论谁对谁错。但很多家长在与班主任沟通时，容易陷入这种误区，总想着把自己的观点强加在他人身上，并企图说服对方。其实，真正的沟通是为了找到双方都能接受的解决方案，共同为孩子的成长努力。

看见孩子的闪光点

说到闪光点，有这样一个小故事：航航是一个四年级的学生，他活泼开朗，身体协调性很好，是个名副其实的"运动高手"。三年级下学期的时候，航航被选入了学校的体育队。由于每天早上要提前半小时到学校去训练，下午放学后也要训练半小时，这样一来，便占据了一部分学习的时间。航航的妈妈看到孩子这么积极地投入到体育运动中，心里感到既骄傲又有些焦虑，她担心这会影响航航的学业，也心疼孩子要兼顾运动和学业的辛劳。在最近的一次考试中，航航的数学成绩有些下滑，航航妈妈决定找航航的班主任李老师谈一谈。

一天放学后，航航的妈妈特意留在学校，等待与李老师见面。当她走进办公室，看见李老师正在批改堆成小山丘的作业，模样略显疲惫。航航的妈妈和李老师简单地寒暄了几句后，就迫不及待地说起了自己的担忧，觉得体育队的训练影响了孩子的学习成绩，语气中不自觉地带着一丝焦虑。

李老师抬头看了一眼成绩单，又看了看焦急的航航妈妈，郑重地说："航航妈妈，航航的数学成绩确实有所下滑，我也在关注这个问题。不过，我觉得他在体育上表现还不错，很有潜力。"

然而，航航妈妈似乎并没有听到李老师对航航优点的评价，她继续焦虑地说："是呀，我也知道他体育好，但每天都进行体育训练，时间长了会影响他的成绩，数学这么重要，您得想想办法帮他提上去。"

李老师听了，有些无奈地说："我理解您的担心，但每个孩子都有自己的长处和短处。我们需要的是找到适合他的学习方法，而不是一味地强调成绩。最近我也发现航航在数学课上有些畏难情绪，这可能是导致他成绩下滑的原因之一。"

这时，航航的妈妈一听瞪大了眼睛，更着急了："畏难情绪？那怎么克服这种情绪呢？您得帮帮他呀！"

李老师试图解释："当然，我会尽我所能帮助他。但我也需要家长的配合，比如多鼓励他，发现他的进步并给予肯定，而不是只盯着他的不足。"

然而，航航的妈妈似乎并没有完全理解李老师的意思，她仍然坚持着自己的观点，认为只要老师多布置些题目，多盯紧一点儿，航航的数学成绩就能提上去。

这次沟通最终以失败告终。航航妈妈带着对航航数学成绩的忧虑离开了学校，而李老师也感到有些力不从心。这次沟通，原本可以是一次共同为航航成长出谋划策的好机会，却因为沟通方式的不当和教育理念的差异而未能达到预期的效果。

从赞美到有效沟通

那么，家长该怎么做才是正确的？我们可以从以下三个方面进行改变：

第一，关注孩子的成长：家长要学会欣赏孩子的优点，看到孩子一点一滴地在进步。当我们发现孩子在某方面有突出表现时，不妨在与班主任的交流中提及，这不仅能加深双方之间的信任和合作，还能为孩子营造一个更加积极向上的成长环境。例如："李老师，我注意到航航在最近的体育比赛中表现非常出色，这让我感到非常骄傲。我今天来，其实是想跟您聊聊，如何平衡他的体育训练和学业。我知道这不容易，但咱们都是希望孩子好，我想听听您的想法。"

第二，改变沟通方式：在与班主任沟通时，要清晰地表达自己的看法和需求。例如："我担心的是，长时间的体育训练可能会让孩子身体疲劳，进而影响他的学习状态。但我也知道体育对孩子身心发展的重要性，所以我希望我们能找到一个既能保证他的训练质量，又能让他有充分的休息和学习时间的方案。"

第三，避免指责和抱怨：即使家长对学校的某些做法有不满，也应以理解和尊重为前提，避免情绪化地指责和抱怨。例如："我非常感激学校为孩子提供的全面发展平台，也深知老师们的辛勤付出。但在时间安排上，或许可以进一步优化。我愿意和您一起探讨这个问题，看看是否有改进的空间。"

第2节　爸爸和妈妈意见不同时，该怎么办？

一场争论可能是两个心灵之间的捷径。　　——哈·纪伯伦

教育孩子不是一个人的事情

"养不教，父之过"，这句话深深地体现了传统观念中父亲在子女教育中的不可或缺性。然而，现代社会的普遍现象是：母亲在孩子的成长与教育过程中逐渐成为主导者，而父亲只是偶尔参与孩子生活的"玩伴"。

随着时代发展，家庭教育观念也发生了巨大的变化，"共亲职"理念逐渐进入家庭，成为新的教育趋势。简单来说，"共亲职"指的是家长共同参与孩子的教育和成长过程，并共同承担孩子的教育和陪伴的责任。这一理念与传统的家庭教育模式有所不同，更加强调家庭成员之间的合作与沟通。这就要求爸爸妈妈都能尊重对方在教养孩子方面的判断与决策，在面对孩子的教育问题时，爸爸妈妈应该是并肩作战的战友，而非相互指责的对手。

这听起来很复杂吗？我们举一个简单的例子。

周末的早晨，全家人围坐在餐桌旁享用早餐。孩子突然说："妈妈，我想学骑自行车！"妈妈微笑着回应："好主意，宝贝！吃完早餐我们就去练习。"这时，爸爸应该怎么做来体现"共亲职"的理念呢？

支持的行为可以是：

共同行动：爸爸可以立刻表示赞同，并提议："太好了，我也很久没骑自行车了，我们可以一起学，看谁学得快！"

重复与强调：爸爸可以重复妈妈的建议，并加上一些鼓励的话："没错，宝贝，骑自行车不仅能让你更勇敢，还能锻炼身体呢！爸爸会一直在你身边保护你。"

补充信息：爸爸还可以补充一些实用的建议："记得戴上头盔和护膝，安全第一。还有，刚开始学的时候可能会有点儿害怕，但只要你保持平衡，多练习几次就能掌握了。"

而不支持的行为则可能包括：

要求协助不成功：爸爸可能表现出不感兴趣或敷衍的态度，比如："哦，那你去学吧，我待会儿还有事要做。"

情绪性不支持：爸爸可能会用消极情绪影响孩子，比如："学骑自行车对学习有帮助吗？可以让你考出好成绩吗？你现在应该以学习为主。"

就事论事不支持：爸爸会说："现在路上车那么多，学骑自行车太危险了。"看，这不就"唱反调"了吗？

所以教育孩子，不是妈妈一个人的事情。爸爸和妈妈是一个团队，需要相互支持、相互协作，要尊重彼此的付出。

沟通只是手段，目的是做成事

当谈到孩子的教育，许多家长不得不面对一个残酷的现实：与另一半在教育观念上的差异成了夫妻关系中的一道"难题"。在没有孩子的时候，夫妻二人的关系较为融洽，很少吵架。可自从有了孩子，因为双方在教育理念上的不同，很多亲密无间的伴侣一夕之间变成了意见不合的辩手。调查数据显示，超过八成的家长都遇到过这样的困扰。

在教育孩子的过程中，出现不同意见是常态，但这并不妨碍我们共同培养出优秀的孩子。最为重要的是家长双方在关键的教育原则上要达成共识，比如孩子应该培养哪些好习惯、如何培养最有利于孩子的成长、孩子的哪些行为是绝对不允许的等，如果家长双方事先就这些关键性的问题达成共识，那么在教育孩子的过程中就会减少许多不必要的摩擦。

在处理孩子教育的问题上发生分歧时，应该怎么办呢？首先要做的是，不拆对方的台，不在孩子面前争吵，给孩子一个和谐的家庭环境。其次，等双方情绪都稳定后，两个人坐下来心平气和地聊一聊。然后，用心去理解对方对于孩子教育的看法和担忧，而不是急着否定对方。最后，通过提问来确认对方的意思。比如，爸爸说孩子该多玩玩，自由点儿；妈妈可能担心玩多了学习跟不上。这时候，爸爸可以先问问："你是不是担心孩子玩得忘了学习，成绩受到影响？"这样问，既显得有诚意，又能让妈妈把心里话说出来。

你看，就这么简单，多理解，多沟通，我们就可以有效地解决教育观念上的差异。如此一来，不仅夫妻感情更好了，孩子也能在充满爱的环境里健康成长。

给孩子最好的礼物

有一本书中曾经写道："爸爸和妈妈良好的夫妻关系，是送给孩子最好的礼物。"

当爸爸妈妈在育儿上有不同看法时，要采取友好的方式来解决这些分歧。每个人都是独特的个体，都有自己的育儿观念，这是自然而然的事情。

而和谐相处的关键在于相互尊重。当两人的意见不一致时，应保持冷静，耐心倾听对方的想法和担忧，并尝试从对方的角度去理解问题。通过倾听与理解，或许能找到一个双方都能接受的解决方案，即使最终爸爸妈妈的观点仍不完全一致，也要学会尊重对方的决定，因为爱孩子的心是相同的。这样的处理方式不仅有助于化解家庭中的小矛盾，维护家庭和谐，更重要的是，爸爸妈妈为孩子树立了一个良好的榜样。孩子会从我们友好交流的过程中学到在面对不同意见时，应该如何倾听、理解和尊重他人，同时也能够坚持并清晰地表达自己的观点。

家庭是人生的第一个课堂，家长是孩子的第一任老师，所以，爸爸妈妈面对育儿分歧时，不妨多一份耐心，多一份理解，多一份尊重。

第3节　不愉快的沟通有何影响？

> 与人善言，暖于布帛；伤人之言，深于矛戟。
>
> ——《荀子·荣辱》

语言暴力的伤害

马歇尔·卢森堡在《非暴力沟通》一书中写道："皮肤上的伤口愈合最多不过 21 天，但是语言暴力导致的心灵上的伤口的恢复，或许需要一辈子。"

家长说话的方式对孩子的影响十分巨大。知乎上有个热门话题，讲的就是家长的语言暴力能给孩子带来多大的伤害。而点赞最多的答案之一便是："家长的语言暴力会产生类似于体罚的后果。孩子的焦虑、压力和抑郁的程度会加深，行为问题也随之增加。"不会好好说话的家长，真的很难养出有幸福感的孩子。

《家长的语言》一书里写道："家长的社会经济地位并不能影响孩子未来的好坏，家长与孩子交谈中使用的语言才是最关键的影响因素。"

让我们来看一个例子：

小女孩儿回到家，兴奋地跑到爸爸身边，手里展示着一张手工贺卡："爸爸，快看，这是学校手工课做的贺卡，老师还表扬我了呢！"她兴奋地展开贺卡，期待爸爸的夸奖。

而爸爸却只是扫了一眼，皱着眉说："手工做得不错，但别忘了，学习才是你的主要任务。"紧接着，爸爸关心起了小女孩儿的学习问题："快考试了，复习得怎么样？得加把劲儿才行。"

小女孩儿脸上的笑容逐渐消失，有些失落，爸爸没有察觉到女儿的情绪变化，继续说："听说你们班长上次又考了第一，你怎么就不能学学人家呢？"

小女孩儿终于忍不住了，眼中含着泪水委屈地说："我也在努力呀！每个人都不一样，为什么你只能看到别人的好？"

这一幕反映了许多家庭中日常沟通都会出现的问题，即家长在不经意间，以关心的名义说出缺乏理解与鼓励的话，伤害了孩子幼小的心灵。最后孩子越来越不愿意跟你沟通，亲子关系也随之越来越差。

影响孩子情绪、学习成绩、社交能力

有位学者曾说过：家庭生活中，最大的悲哀并不是物质上的贫穷，而是不会好好沟通。

不愉快的沟通就像一堵无形的墙，将孩子和家长隔开。它严重影响孩子的情绪状态。正如上述例子中的小女孩儿，原本满怀期待地希望得到父亲的赞赏，换来的却是冷漠的回应和比较。这些话伤害了孩子的自信心和自尊心，让她感到自己的努力被忽视，成就感被剥夺。

不愉快的沟通对孩子的学习成绩也会产生负面的影响。想象一下，孩子在考试中没有发挥好，心情沮丧地回到家。他希望从家长那里得到一些安慰和鼓励，但迎来的却是妈妈的责备："你怎么这么粗心大意？这道题目我明明给你讲过很多遍了！"这种指责让孩子感到更加无助和沮丧，他开始怀疑自己的能力，对学习产生了抵触情绪。在后续的学习中，这种抵触情绪会发生一连串的连锁反应，如会失去学习动力和兴趣，害怕考试，长此以往成绩会一落千丈。

不愉快的沟通还会影响孩子的社交能力。在家庭环境中，如果家长经常采用否定和批评的方式与孩子交流，孩子可能会模仿这种沟通方式，在与小朋友的交往中也表现出同样的行为。这不仅会让他们难以建立良好的人际关系，还可能引发冲突和孤立。同时，孩子也可能会因为害怕被拒绝或批评而变得更加内向、退缩，限制了他们社交能力的发展。

家长的良言

心理学中有一个南风法则："北风和南风打赌，看谁的力量大，能把行人身上的大衣脱掉。北风越是猛烈地侵袭，行人将衣服裹得越紧；而南风则徐徐吹动，让人如沐春风，最终，行人主动脱掉了大衣。"

家长的良言就像是孩子人生旅途中的一盏明灯，不仅照亮前行的道路，更温暖了他们的心房。

认可时，真心夸一夸孩子，当孩子展现出新的技能或进步时，爸爸妈妈开心地说："你的努力真是令人赞叹，我为你感到骄傲！"这样的肯定，不仅让孩子有了成就感，也传递了爸爸妈妈对孩子成长的珍视。

批评时，带点儿小鼓励，面对孩子的不足或错误，爸爸妈妈可以说："这一次挑战虽然失败了，但我相信这只是暂时的。我们一起来找找方法，迎接下一次的成功，好吗？"这样的鼓励，让孩子明白错误是学习的机会，而不是失败的标志。

　　请求时，像朋友一样聊：当爸爸妈妈需要孩子帮忙或调整计划时，可以温柔地询问："嘿，我有个想法，你觉得我们能不能一起调整一下时间安排，为家庭活动留出点儿时间呢？当然，你的意见很重要。"这样的请求，既表达了爸爸妈妈的需求，也尊重了孩子的感受和选择。

　　质疑的提问，用温柔包裹：当爸爸妈妈对孩子的行为或决定感到不解时，可以用关心的语气询问："亲爱的孩子，我注意到你最近有些不同，是发生什么事情了吗？你愿意说给我听吗？"这样的质疑旨在引导孩子分享自己的想法，而不是直接质疑他们的行为。

　　反对的观点，尊重为先：当爸爸妈妈对孩子的某个决定持不同意见时，可以这样表达："我理解你的想法，但我也有一些顾虑。我们可以一起坐下来，听听彼此的理由，然后找到一个我们都能接受的解决方案，怎么样？"这样的反对，既表达了爸爸妈妈的立场，也展现了对孩子的尊重和理解。

第4节 沟通时，找个"中间人"也很重要

> 交往是人类必然的伴侣。 ——马克思

需要找一个什么样的"中间人"？

面对孩子的成长，家长无法规避很多矛盾或问题，但是家长完全可以试着解决它们。对于孩子的问题来说，家长都希望，也应该亲力亲为去解决。怎么解决？只有沟通。可是，真实情况下，有一些特殊原因使家长无法亲力亲为地和班主任顺利沟通，这时候就需要找个"中间人"代替沟通。

说到这里，我要讲明一点，"中间人"可不是谁都可以做的。沟通时，找"中间人"是为了给沟通助力，为了淡化问题，协商解决方法。可一旦找了一个不合适的"中间人"，沟通等于进入了"死胡同"。

因此，家长在找"中间人"时，一定要再三衡量。

第一，家长可以找一个了解班主任的人作为"中间人"。最了解班主任的人，莫过于亲朋好友。可班主任的生活圈子在正常情况下，家长很难接触得到。所以这一点是行不通的。不过，还有一种人十分适合，那就是别的老师，即班主任的同事。同事之间，最容易惺惺相惜，也最能理解彼此的感受。所以，让其他老师作为"中间人"，最能让班主任接受。相信，在其他老师的调和下，任何不顺利的沟通都能顺利解决。

第二，家长可以找一个心态好、性格好、会说话的朋友作为"中间人"。说白了，找一个"中间人"就是为了缓和沟通的氛围，调解不愉快的双方。总不能矛盾还没调和好，双方在说明各自的想法时，"中间人"控制不住情绪生气了，那这场调解等于白费功夫。所以，灵活、乐观、机敏的人常常都能做好"中间人"的角色。

家长需要"中间人"保持什么样的态度？

我们都知道，不能好好沟通最主要的原因就是双方各持己见，僵持不下。所以，"中间人"必须要做别人做不到的事。

1. 保持中立。在这场矛盾中，"中间人"必须做到不能偏袒任何一方，而且必须要公平地听取家长和班主任的意见和想法，还要理解双方的立场。最关键的是，"中间人"必须要把对方的感受尽可能地共情给另一方。这才是解决问题的关键所在。所以，只有中立的"中间人"，才能使矛盾双方信服。

2. 办事效率高。一场矛盾，当需要"中间人"来化解时，也就说明这场矛盾需要尽快解决。所以，如果一个很会调和矛盾的"中间人"，办事总是拖拖拉拉，那么就会影响整个事情的进度，这绝对是不可取的。

3. 大事化小。最好的解决办法，就是在"中间人"的调和下，将很大的问题化解成小问题，使家长和班主任都能接受。如果一直把问题严重化或者扩大化，解决起来只会越来越麻烦，这是所有人都不想看到的。

4.察言观色。这一点十分重要，"中间人"在调和问题时，需要多次且持续观察家长和班主任的神色、语气和态度，用以判断事情的进展和控制调和的节奏。假如，在调和过程中，其中一方十分难以接受，感到很委屈，那么"中间人"就要及时地考虑到对方的情绪和感受，换个角度再去调和。如果"中间人"没有注意到对方的变化，过于按自己的步骤来调和问题，相信到了最后，只会激化矛盾。

所以，一个好的"中间人"并不是必须向着谁，而是能共情双方的感受，公平、正直、委婉地去化解两方矛盾。

"中间人"在沟通时的注意事项

前面我们已经说过关于如何挑选"中间人"，那么在沟通时，"中间人"必须明白以下几点：

首先，要找出隐藏的情绪和诉求。一般发生矛盾时双方可能会出现争论孰是孰非的现象，而且双方无法好好沟通主要原因是内心的诉求没有被满足。在这场矛盾中，双方会过于控诉自己的不满，而隐藏起自己真正的需求。所以，"中间人"一定要学会从他们不满的情绪和话语中找出真正的需求。比如，当家长感到不满时，"中间人"先要说："我很理解你，你确实很不容易。"这种说法是为了安抚家长的心情，共情他们的感受。然后"中间人"还要问："你能告诉我你真正的想法吗？"这一问，不就把家长掩藏起来的内心需求找出来了吗？

其次，引导双方互相理解。想要帮助解决矛盾，"中间人"最好不要提自己的一些建议，因为这时候任何建议对于他们来说都是片面的。"中间人"应该正确引导对方理解彼此的心情和行为，只有互相理解了，调和才能达到效果。比如，"中间人"需要让家长明白，班主任的工作立场和工作性质是面对整个集体的，很多意见也是从集体出发的。

他不可能按个人想法去左右很多决定。

　　最后矛盾双方必须有所作为。问题解决到这一步，就说明矛盾已经调解好一大半了，这时候为了证明自己的诚意，双方必须都要退让一步，做点儿什么来让矛盾彻底解决。这就需要"中间人"能够好好引导双方。

　　其实，很多问题最好的解决办法就是家长或孩子独立面对并解决。当你自己行动时，起码可以让对方看到你是真的想解决事情的。有时候，找个"中间人"来调和反而会让人觉得没诚意。但是，当你需要"中间人"时，也请记住：万事以和为贵，多退一步也没关系。

第5节 爸爸妈妈"躺死式"沟通，
伤害着谁？

> "不在沉默中爆发，就在沉默中灭亡。" ——鲁迅

家长与孩子之间的"躺死式"沟通

在学校的心理援助中心，发生了一件令人心痛的事件。一天，一位同学来到了心理援助中心寻求帮助，然而这位老师眼中的尖子生、同学眼中的"学霸"沉默了许久，竟然说出了自己想要放弃学业的想法。令心理老师更为痛惜的是，这个孩子并非第一次产生这样的念头，他曾多次向家长袒露心声，他觉得自己失去了生活的热情，生活中的一切毫无意义。

但是，面对孩子的求助，家长没有去及时关心孩子的情绪状态，也没有反思自己是否在日常中忽略了与孩子的沟通，反而武断地认为孩子只是在找借口，来逃避学习。最终经过医院的诊断，这位男孩的心理问题已经发展到了相当严重的地步。

这不禁让人联想到现今网络上一个热门的话题：当爸爸妈妈"躺死式"沟通时，会对孩子的成长造成多大的伤害？

每一条相关评论背后，仿佛都能看到一个个孤独地站在一边，伸出渴望的双手，却得不到任何回应的孩子，还有在另一边"躺平"，对孩子的呼唤与渴求充耳不闻，仿佛一切都与他们无关的爸爸妈妈。这样的亲子关系是如此的冰冷，如此的漠然。

然而，有的爸爸妈妈只要孩子一吵闹，就把手机或平板拿给孩子，让孩子自己安静一会儿。虽然孩子沉浸在电子产品的世界里，安静了下来，可是他的真实情感并没有表达出来，也没有得到彻底的安抚。只要离开电子产品，他的情绪又会再一次出现，如此反复，就形成一个恶性循环。

孩子需要被看见

1925 年，美国心理学家赫洛克做了一个著名的实验。他将 106 名小学四五年级的孩子作为实验研究对象，分成能力相当的四个小组，四组孩子在四种不同的情境下学习，并完成难度相等的学习任务。

第一组为"受表扬组"，小组成员在每次完成任务后，无论结果如何，都会受到热切的鼓励和表扬。

第二组为"受训斥组"，小组成员在完成任务后，无论结果如何，都会受到严厉的批评。

第三组为"受忽视组"，小组成员完成任务后，既没有表扬也没有批评，但是能听到人们对表扬组和批评组的评价。

第四组为"控制组"，这一组与前三组隔离开来单独行动，行动全程不会给任何反馈，事后也不给予任何评价。

实验结果显示，在这四个小组中，表现最差的是控制组，即完全无反馈的小组。表现最好的是受表扬组，他们的表现随时间推移呈现稳步上升的趋势。而受训斥组的表现虽然不如受表扬组亮眼，但相较于受忽视组仍有明显优势。这就是著名的赫洛克效应。

它告诉我们，无论是正面反馈（表扬）还是负面反馈（批评），都能激发个体的积极性和动力。适当地给予表扬能够极大限度地提升个体的自信心和成就感，从而推动其表现持续进步。长期被忽视或缺乏反馈的个体容易陷入消极和被动状态，影响其潜能的发挥和成长。

作为家长，我们应该认识到"躺死式"沟通的危害，不要用"躺死式"的沟通方式与孩子对话。我们应当努力成为孩子成长道路上的倾听者和支持者，让孩子充分感受到家长的爱，在爱中茁壮成长。

爸爸和妈妈之间的"躺死式"沟通

"相敬如宾"就会相敬如"冰"。

在家庭中，爸爸妈妈本应是最亲密的伴侣，彼此扶持，共同面对生活的风雨。可有些人却因"躺死式"沟通觉得婚姻越发没意思。

有个孩子曾特意记录了一天中爸爸妈妈的对话，结果发现：爸爸和妈妈一天说的话，加起来竟然没有超过五句，而每句话竟然连五秒钟都没有。

这个孩子伤心地向父母倾诉道，他的家没有温暖，没有快乐，只有沉默，爸爸妈妈彼此要么不沟通，要么就吵架，有时候感觉自己夹在他们中间，特别像一块夹心饼干。家长听到儿子的心里话，心头一震，爸爸一脸凝重，妈妈更是抹起了眼泪。他们没想到，夫妻间的这种相处方式竟无形中对孩子造成了如此巨大的伤害。

其实，这又何尝不是大部分家长和孩子的缩影呢？现如今，生活压力越来越大，很多夫妻回到家后，要么不说话，要么简单地聊聊孩子，而后便是抱起手机沉浸在自己的世界中了。偶尔遇到矛盾也会采取回避的方式解决，心里不去想办法解决，而是选择忽略性的"躺平"，心里还在不停地告诉自己：没有什么办法了，就这样吧，大家都是这么过的。从此对这件事情避而不谈，好像没有发生一样。双方都没有表达自己心中所想，也没有解决问题。矛盾看似风平浪静地过去了，实际只是堆积在一起，等待爆发的那一天。

然而，夫妻之间的零沟通，受伤的往往是孩子。孩子们对情绪的感知特别敏感，尤其是年龄小的孩子，虽然他不明白爸爸妈妈说的什么，但是他能捕捉到爸爸妈妈情绪的变化。然后他就会用他的思维去理解你的情绪。他总是小心翼翼地看着爸爸妈妈的脸色，但是又不敢问，内心敏感且缺乏安全感。发生一点儿小事情他就会过度地紧张，总怕自己会做不好，长此以往便形成了消极、悲观的性格。

虽然爸爸妈妈之间破坏性的冲突会对孩子造成永久的负面影响，但如果能用建设性的态度来处理夫妻间的冲突，反而能巩固孩子的安全感，并让孩子从中学习如何妥善面对冲突。

明确告诉孩子，这不是他的错

当孩子察觉到爸爸妈妈之间紧张的氛围时，爸爸妈妈要及时地告诉孩子，这是大人之间的问题，与他无关，不管发生什么，家长对他的爱是不会变的。

当着孩子的面解决矛盾

爸爸妈妈发生矛盾，特别是双方拒绝沟通的时候，对于孩子来说，会感觉天都塌了。因为孩子不懂大人的情绪，会误以为事情很严重，从而担心爸爸妈妈会离婚或者不再爱他。如果矛盾是在孩子面前发生的，爸爸妈妈一定要在孩子面前和好，让他看到问题和平解决了，感受到家庭的温暖与和睦。

第六章

心与心的认可

第1节　成为班主任的"同盟军"

> 两个教育者——学校和家庭，不仅要一致行动，要向孩子提出同样的要求，而且要志同道合，抱着一致的信念，始终从相同的原则出发，无论在教育的目的上、过程上，还是手段上，都不要发生分歧。
>
> ——苏霍姆林斯基

家长赢了老师，可能会输了孩子

有位老师曾说过这样一句话："家长的态度，决定老师对学生的重视程度。"与此同时，他还分享了这样一个实例：

在他执教的班级中，有一名调皮好动的学生，在课堂上多次扰乱课堂纪律，干扰了教学进度。因此他严厉地批评了这位学生，让他罚站反省自己的错误。没承想第二天家长来到学校找到老师，家长不但没有教育孩子，反而直接对老师提出质疑，认为罚站的做法伤害了孩子的自尊心，并表示如果老师坚持让孩子罚站，就要投诉到校长那里去。

面对这样的情境，老师不得不重新考虑自己的管理方式。为了避免进一步的冲突，老师对这位学生的管理逐渐变得宽松。遗憾的是，这种变化并未带来积极的结果，反而导致这位学生的学习成绩下滑，课堂表现也大不如前。

教师是专业的教育工作者，人类灵魂的工程师。教师的工作远远超出了单纯传授知识的范畴，他们在学生的成长过程中扮演着导师和引路人的角色，倾注了深厚的情感和关怀。我们常说："教不严，师之惰。"老师的严格往往是出于对孩子、对教育的责任感。如果家长能够理解并尊重老师的教育方式，与老师达成共识，这种默契与信任让老师感受到被理解与支持。当家长与老师站在同一阵线，共同为孩子的未来努力时，孩子会感受到来自双方的关爱与期待，会更加珍惜学习的机会，遵循老师的教导。

相反，如果家长过分溺爱孩子，不相信老师的教育方法，甚至对老师的教育行为提出无理质疑或反对，这就破坏了家庭与学校在教育理念上的一致性。孩子在这样的环境中会接收到相互矛盾的信息，孩子会认为老师的教导是错误的，从而不尊重和不信任老师，不再听老师的话，这对他们的成长是有百害而无一利的。

完全依赖老师的家长

当然，也有很多家长认为孩子进入学校后，教育的责任就主要在学校了。于是，经常有家长会这样说："老师，我家孩子就交给你了！""我工作太忙了，孩子的日常学习就拜托老师多照顾了。""老师，您在教育上比我们专业多了，我家孩子就指望您多多教导了。"也会有家长对孩子说："你不听话，看到了学校老师管不管你！"……

这样的话屡见不鲜，好似孩子上学后，家长就不需要再管孩子了，孩子的一切都应该由老师来负责。孩子品行不端正，是学校没教好；作业写不完，是学校的作业量太大了；成绩不好，是老师的教学水平不行。老师确实很重要，但老师不是万能的，没有"三头六臂"来全面细致地照顾到班级的每一个孩子。老师的主要职责是传道、授业、解惑，为孩子们打开知识的大门，引导孩子们探索未知的世界。而孩子的良好习惯、优秀品行和坚定意志的养成更多来自家庭的教育。所以家长不应该完全把孩子推给老师，而是要积极地承担起家庭教育的责任，与学校携手合作，家校共育。

家长支持老师，老师支持孩子

一位资深教育专家曾说："家长与学校配合得越好，教育就越成功。"教育，不是一件孤军奋战的事情，孩子的成长离不开老师和家长的支持。我曾看过这样一篇小故事：

一天，一位植物学家的儿子拿着一株不知名的小草去请教老师，但老师也不认识这种小草。然而，老师并没有直接拒绝回答，而是以一种鼓励和支持的方式告诉孩子："你的父亲是一位著名的植物学家，不妨去请教他，老师也想知道小草的秘密。"

第二天，孩子带着一封信再次来找老师。信中，孩子的父亲详细写明了小草的名称和特性，并附上了一句话："希望这个问题由老师回答，想必更为妥当。"这位父亲的做法非常高明，他通过这封信不仅解答了孩子的疑问，更重要的是，他以一种隐晦而有力的方式支持了老师，让老师的形象在孩子心目中高大起来，从而更加尊重、信任老师。

当家长与班主任结成坚实的"同盟军"时，家长能够更全面地认识自己的孩子，了解他们的优点与不足，同时也能够审视自己的育儿知识和方法，不断学习和提升，进而助力孩子健康成长。而班主任则通过家长的反馈，更加深入地了解孩子的家庭背景和成长环境，从而制订出更加个性化、有针对性的教育方案。这种"同盟军"的关系不仅促进了家庭教育与学校教育的协调一致，实现了教育目的的共同性，而且在双方的共同努力下，孩子们也能够在更加和谐、积极的教育环境中茁壮成长。

第2节 爸爸妈妈，你们被"内卷化"了吗？

"内卷化"的现象

什么是"内卷化"？

内卷原本是一个社会学概念，用来描述一种社会或文化模式在发展到一定阶段后，在资源有限的情况下，为了获取相同的资源，为了在竞争中脱颖而出，个体不得不投入更多的时间、精力和资源。但这种投入并未带来整体效率或质量的提升，反而使得个体的压力增大，幸福感降低。简单来说，就是"大家越努力，整体却越停滞不前"。

关于内卷，有人曾举过一个很形象的例子：在一个电影院里，观众们原本只要在自己的座位上坐着，就都能看到电影，结果坐在前排的人为了看得更清楚突然站起来了，这下，后排的人也不得不跟着站起来。

你被"内卷化"了吗？

你要求孩子的学习成绩必须排在班级前三吗？你要求自己的孩子在各个方面都要超越同龄人吗？你会给孩子报很多课外补习班吗？你会牺

牲孩子的休息和娱乐的时间让孩子去学习吗？

当你看到朋友家的孩子才 6 岁就能认识很多字，做数学题也很快，而自己的孩子相比之下就略显吃力。你会开始焦虑，从而担心自己的孩子落后吗？

如果你对以上的情景有共鸣，那么恭喜你，你已经在不知不觉间被"内卷化"了！

为什么你会被"内卷化"？

"我家的孩子绝对不能输在起跑线上。"这句话道出了大部分家长的心声，而这句话也同样是出现内卷式教育的根本原因。当家长们发现周围的孩子都在进步、都在学习的时候，自己的孩子却一成不变的话，立刻就坐立不安了。于是为了孩子能读好书、考出好成绩，家长们纷纷斥巨资，不断给孩子安排学习和活动，从早教启蒙到兴趣培养，从学科辅导到特长训练。望子成龙、望女成凤的家长们便在这样殷切的期盼中陷入一个怪圈：越是比较，越是焦虑；越是焦虑，越是加码。可叹的是，这样卷来卷去，不仅忽略了教育的初衷，更忘记了关注孩子的感受。

如何避免内卷化？

到底该不该"卷"呢？

在教育孩子的过程中，是否应该"卷"，一直是家长和教育者关注的焦点。首先我们需要明确的是，读书虽然不是成功的唯一路径，但对于大多数普通家庭的孩子来说，它确实是通往更好生活和社会地位的一条相对公平且高效的途径。至于是否应该"卷"，其实更多取决于我们如何理解和应对这一现象，具体做法有以下四种：

第一，因材施教。

每个孩子都是独一无二的，他们有不同的兴趣、天赋。因此，我们应该根据孩子的个性特点来制订教育计划，鼓励他们在自己热爱的领域深入探索，而不是盲目跟风，追求所谓的热门学科或课程。了解和尊重每个孩子的独特性，可以帮助他们建立自信，发挥潜能，实现个人化的成长和发展。

第二，量力而行。

家长在教育投入上应该量力而行，根据自身的经济状况和家庭资源来制订合理的计划。不必过分受他人影响，盲目攀比或跟风。过度的教育投入不仅会给家庭带来经济负担，还可能给孩子造成过大的学习压力，影响他们的身心健康。因此，理性规划，选择适合孩子的教育资源和学习环境，才是明智之举。

第三，从繁到简。

在孩子成长的初期，我们可以采取撒网式放养的教育方式，让他们广泛接触各种知识和技能，以此发现他们的兴趣和专长。然而，随着孩子年龄的增长和学习任务的加重，我们需要逐步精简他们的课程和活动，将精力集中在"素质"与"应试"两个核心上。这样的策略既能保证孩子的全面发展，又能提高学习效率。

第四，接受孩子的平庸。

每个孩子都是一颗独特的种子，有的可能迅速发芽，茁壮成长；有的则需要更长的时间，在适合自己的土壤中慢慢展现其生命力。社会是多元化的，成功的定义因人而异，不应仅仅局限于学术成就或职业地位。有的孩子可能在艺术、体育、社交或其他领域展现出非凡的才能，而这些才能往往无法在单一的学习成绩上得到体现。

因此，作为家长，我们需要有勇气接受孩子可能不是传统意义上的"学霸"，可能不会在每一次考试中都名列前茅。但这并不意味着他们不优秀，不会走向成功。

"学渣"家长的教育之道

给大家讲一篇小故事：

小杰的爸爸妈妈都是海归精英，然而小杰却是个不折不扣的"学渣"。但是，小杰的家长却一点儿也不焦虑，反而非常松弛。

小杰写字常常歪歪扭扭，他的爸爸妈妈并没有责备他，而是用正面的话语鼓励他："这次有几个字写得挺好的，再努力一点儿就更好了。"

小杰喜欢玩游戏、鼓捣电脑硬件、剪辑视频，这些爱好在别人看来可能都是"不务正业"，但他的家长不仅不禁止，反而全力支持，他们觉得孩子有兴趣是好事，应该鼓励他去不断尝试。

小杰的妈妈常说："每个孩子都有自己的特点，我们要做的是鼓励他，让他在自己喜欢的领域多努力。"

后来，小杰在家长的支持下，不仅在游戏社区里崭露头角，还学会了修电脑、做视频等技能。慢慢地，他开始在视频平台上分享自己的作品，虽然一开始观众不多，但他很享受这个过程。在坚持了数年后，小杰的作品被越来越多的人看到，小杰也迎来了事业的高峰。

小杰的故事告诉我们：教育的真谛在于发现与培养孩子的潜能，而非盲目追求外在的成就与认可。

不是每一个人都能站在金字塔的塔尖上，那么既然无法攀登至顶峰，不如停下来欣赏沿途的风景，感受生活的美好，再换一条更适合自己的路，努力向前。教育的目的不只是传授知识与技能，更是引导孩子发现自我、实现自我价值的过程。作为家长，我们不应该再被内卷化的浪潮裹挟，而是在孩子成长道路上鼓励他们勇敢地追求自我、保持本色，为孩子们营造一个开放、包容的教育环境。

第3节　特殊的友情，更需要好好沟通

> 最理想的朋友，是气质上互相倾慕、心灵上互相沟通、世界观上互相合拍、事业上目标一致的人。
>
> ——周汉晖

家长与班主任之间的合作关系对于孩子成长至关重要，这种关系可以被视为一种特殊的友情。而要想构建起这份特殊的友情，需要双方彼此理解、尊重、深入沟通与紧密配合。

理解

理解班主任的辛勤付出：班主任的工作，远非简单的"教书"二字所能概括。在校园中，他们不仅是教授知识的老师，更是呵护孩子们成长的家长。他们需要了解每个学生的生活情况和学习进度，关心他们的身心健康。同时，作为各科教师间的协调者，他们还需确保教学工作能够有序进行。班主任的工作并不轻松，他们承担着巨大的责任和压力。有时，因为事务繁忙或精力有限，他们可能会显得疲惫或不耐烦。但请相信，这并不代表他们不关心孩子。人都有情绪起伏的时候，作为家长，我们应该给予他们足够的理解和支持。

理解班主任的做法：每位班主任都有自己独特的教育方式。这些方式可能因经验、理念不同而有所差异。尽管有时家长可能不完全认同班主任的做法，但是请保持开放的态度，尊重班主任的专业判断。双方通过积极的沟通，可以更好地了解孩子的需求，找到最适合孩子的教育方法。毕竟，家长与班主任的出发点是一致的——为了孩子。

尊重

尊重老师的人格，是建立良好关系的第一步。无论家长在社会上的地位如何，面对孩子的老师时，都应保持谦逊和尊重。这种尊重不仅体现在言语上，更体现在行动上，比如认真倾听老师的意见和建议，不轻易打断或质疑老师的决定，不利用自己的权力或资源对班主任施加压力等。

尊重老师的劳动。教育是一项复杂而艰巨的工作。老师们在工作中会遇到诸多挑战和压力。家长要尊重老师的专业判断和工作安排，应避免过度干预或提出不切实际的建议。同时，当老师遇到困难和挑战时，家长应该积极伸出援手，共同寻找解决方案。

在孩子面前维护好老师的形象是家长的责任和义务。家长应该引导孩子看到老师的优点和努力，让他们学会尊重并感激每一位老师的付出。同时，家长也应该避免在孩子面前随意谈论老师的私事或发表不当言论，以免破坏老师在孩子心目中的权威形象。通过维护老师的形象，我们能够为孩子树立一个正确的榜样和标杆，让他们学会尊重他人、感恩他人。

沟通

家长与班主任之间的对话不应局限于孩子的学习成绩，而应涵盖孩子的思想、心理、行为习惯以及日常生活的点点滴滴。通过全面地沟通，家长能更深入地了解孩子在学校的真实状态，班主任也能更全面地把握孩子的家庭背景与个性特点。

在沟通中，家长应保持开放、尊重、理解的心态来面对老师的反馈，无论是表扬还是批评，都应冷静分析，虚心接受。家长不应过分美化孩子，也不应一味为孩子辩护，而是正视孩子存在的问题，并积极寻求解决之道。与此同时，家长也要避免盲目地顺从老师的意见，对老师说的话"照单全收"，家长应该在充分理解的基础上，提出自己的见解和建议，有针对性地、有目的性地和老师沟通。在与老师沟通的过程中可以多问一问老师：需要我在家庭教育中做些什么？

沟通不是一次性的任务，而是一个持续的过程。家长应根据老师的建议和指导，及时调整自己的教育方式和方法，为孩子的成长提供更加有力的支持。同时，家长还应保持与班主任的密切联系，定期反馈孩子的变化和进步情况，共同关注孩子的成长动态。

配合

在家校共育的道路上，家长的配合是不可或缺的一环。它不仅是对班主任工作的支持，更是对孩子全面成长的积极推动。

积极响应班主任的倡议：当班主任提出需要家长参与的活动或任务时，家长应积极响应，并尽力完成。这些活动可能是亲子阅读、家庭作业监督、班级文化布置等，它们都是促进孩子多方面发展的重要途径。家长的积极参与，不仅能让孩子感受到家庭的支持与鼓励，也能增强班级的凝聚力和向心力。

提供必要的支持和资源：在教育过程中，班主任可能需要家长提供一些额外的支持或资源，如学习资料、活动场地、专业指导等。家长应根据自己的能力和条件，尽力为班主任提供所需的帮助。这不仅能缓解班主任的工作压力，还能让孩子在更加丰富的环境中学习和成长。

共同解决孩子的问题：当孩子在学习或生活中遇到问题时，家长应与班主任保持密切联系，共同寻找解决方案。其中包括：分析问题产生的原因、制订针对性的改进计划、监督计划的执行情况等。双方的共同努力，有助于孩子克服困难、取得进步。

家长与班主任之间的关系是一种特殊的友情关系，它建立在共同的目标和深厚的信任之上。通过理解、尊重、沟通与配合，家长与班主任可以形成强大的教育合力，共同促进孩子的全面发展。

第4节　班主任最怕的家长类型

> 过分的溺爱虽然是一种伟大的情感，却会使子女遭到毁灭。
>
> ——马卡连柯

校园，是孩子迈出家庭，开始独立探索世界的第一步。在这里，他们不仅要学习知识，还要学会与人相处，培养自己的兴趣和爱好。可以说，校园是孩子在成长过程中除了家庭之外，影响最为深远的地方。在这个过程中，班主任是除了家长之外，与孩子接触最多、影响最大的人。

为了让孩子在校园中可以被班主任照顾到，大多数家长会积极与班主任沟通，了解孩子的学习和生活状况，协助老师做好孩子的学习和教育工作。然而，在沟通过程中有一部分家长的观点或者看法可能让班主任感到困扰或反感。以下是一些班主任可能最怕遇到的家长类型。

过度溺爱型家长

过度溺爱型家长，顾名思义，就是把孩子当成了"心头肉"，含在嘴里怕化了，捧在手里怕摔了。在他们的心中，自己的孩子是完美无缺的，如果有人不这么认为，那么一定是这个人的错。因此，当老师管教孩子的时候，这类家长有很强的抵触情绪。在他们看来，孩子就应该被呵护在温室里，不应该受到任何风吹雨打，包括来自老师的责备和惩罚。

这类家长的行为表现多种多样，但核心思想都是围绕着一个"爱"字。有的家长无微不至地照顾孩子，看到老师分享的图片里，自己的孩子没穿外套，连忙给班主任发信息，让班主任提醒孩子穿上外套。水杯落下了，赶紧给孩子送水杯，并让班主任转告孩子，来门口取水杯。然而，这份呵护之心是好的，却要叨扰班主任多次处理这些与学业无关的琐事。还有的家长，孩子在学校犯了错，老师适当给了些惩罚，比如罚抄课文之类的，这些家长就坐不住了，赶紧找老师求情，希望能减轻或者干脆免了这个惩罚。更有甚者，孩子一犯错，家长就直接把错揽到自己身上，说："哎呀，都是我没教好，别怪孩子。"

然而，这种过度的保护和溺爱，真的对孩子好吗？如果家长不放手，孩子怎么学会独立？如果家长不提供正向的引导，孩子又怎么能健康成长呢？这种溺爱，实际上是在剥夺孩子面对挑战、承担责任的机会，让他们失去了在挫折中成长的宝贵经验。因此，家长应树立"适度关爱，适度放手"的教育观念，为孩子创造一个更加健康、积极的成长环境。

过度干预型家长

近年来，随着越来越多的全职爸爸或妈妈的出现，这些家长不仅关注孩子的日常，还开始深度参与学校教育，质疑教师的教学策略与方法，甚至对班级管理的细节提出个人见解。更有甚者，还会对班级工作如排座位、班干部人选等提出具体要求，这些要求有时并不符合教育规律和学校的实际情况。

以某校一班级为例，开学后，班主任委任了李明同学担任班长一职。虽然李明同学有极强的责任心和领导力，在班级管理和团结同学方面也非常突出，但学习成绩在班级里只是中等。这就引起了部分家长的质疑与不满，他们担心由学习成绩不突出的学生担任班长会对自家孩子的学习产生不利影响，甚至担心孩子的心理状态会因此受到压抑。这些家长坚持认为，应该选择一位学习优秀、全面发展的学生来当班级的班长，于是纷纷向班主任施压，要求更换班长人选。最终，班主任在多方压力下作出了调整，更换了班长。

在这个案例中，家长过度干预老师的决策，不仅干扰了学校的教学秩序和管理决策，更挫伤了班主任的教育热情和自信，让班主任感受到来自外界的不信任与压力，从而影响班主任的工作质量。

因此，我们需要明确家校之间的角色分工和职责界限。家长应该尊重班主任的专业性和教育决策权，他们拥有丰富的教学经验和专业知识，能够根据学生的实际情况制订合理的教学计划与管理方案。而家长需要做的便是给予班主任充分的信任与支持。

有问题越级找校领导的家长

当这类家长遇到孩子在学校的问题时，往往选择跳过与班主任的直接沟通环节，直接向上级领导反映情况。他们可能认为，这样做能够更快地引起学校的重视，得到更加有力的解决方案。然而，这样的做法却忽略了家校沟通中最重要的一环——与班主任的直接交流。在这里，我要分享一个这样的事例：

彤彤和班上的同学之间发生了一些小争执，其实就是孩子们之间常见的小摩擦。班主任老师觉得这是孩子们成长过程中的正常现象，没有太过在意。但彤彤家长知道这件事后，心里有些担忧。她认为老师应该更加重视，担心这次争执会影响彤彤的性格和学习。于是，她没有跟班主任沟通，就直接去找了校领导。校领导一听，便找来班主任谈话，意思是希望老师能多关心一下学生。

这下，班主任心里格外不是滋味了。他觉得自己平时对孩子们都挺上心的，这次只是因为觉得这是孩子们之间的事，应该由孩子们自己解决，才没做特别处理，结果还被校领导批评了。

后来这位家长心里十分后悔。她意识到，如果当时能够先与班主任进行深入的交流，共同探讨如何帮助彤彤解决与同学之间的矛盾，或许就不会有这样的结果了。

一棵小树想要长得强壮，绝对离不开阳光的照耀和土壤的孕育。一个孩子也是如此，家长和老师是他有效成长的关键人物。家长和老师是两股截然不同的力量，如果想要合成一股强大的力量，彼此沟通是不可避免的。可当班主任害怕这名家长时，沟通还能顺利进行吗？所以，最后的最后，我希望所有的家长都反思一下，你是否在科学育娃？还是说，你刚好是以上三种类型之一？如果是，请记住：当你想要改变他人时，一定要先改变自己。